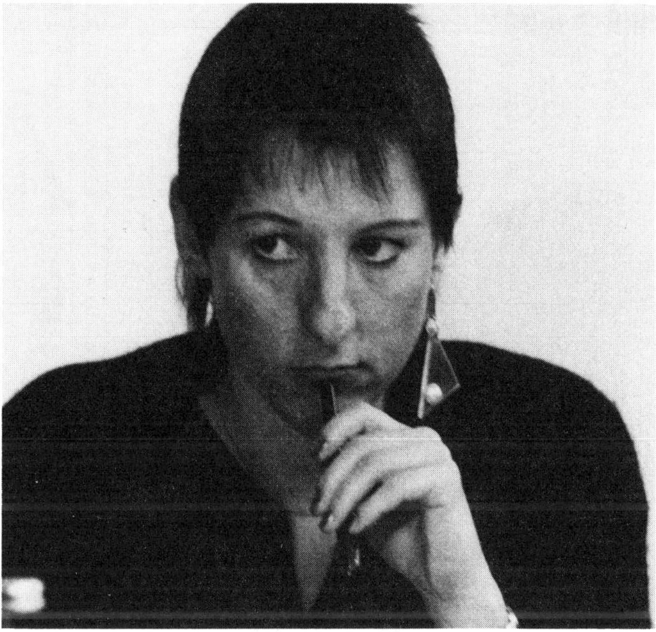

Ingrid Strobl
Frausein allein
ist kein Programm

Wir danken *EMMA, Konkret, taz* und *Neues Forum* dafür, daß sie alle die Erlaubnis zum Abdruck von Ingrid Strobls Texten unbürokratisch, d. h. schnell und solidarisch, gegeben haben.

Kore Verlag

INGRID STROBL

FRAUSEIN ALLEIN IST KEIN PROGRAMM

Mit einem Vorwort von
Goldy Parin-Matthèy und Paul Parin

Kore

© MCMLXXXIX Kore, Verlag Traute Hensch
Holbeinstr. 12, D-7800 Freiburg i. Br. 0761/702034
Erstveröffentlichung
Umschlag: Michael Wiesinger
Foto: Christel Becker-Rau
Satz: Kore CamPose – aus der Garamond Light
Druck und Bindung: Clausen & Bosse, Leck
Printed in Germany

CIP-Titelaufnahme der Deutschen Bibliothek:

Strobl, Ingrid
Frausein allein ist kein Programm / Ingrid Stobl.
Mit e. Vorw. von Goldy Parin-Matthèy und Paul Parin. –
Freiburg (Breisgau) : Kore, 1989

ISBN 3-926023-20-1

INHALT

Vorwort von Goldy Parin-Matthèy und Paul Parin   9
Zu meinem Buch   15
Prozeßerklärung   25
FRAUEN
   Du Tarzan – Ich Jane   39
   Zehn Jahre Frauenbewegung   45
   Freude durch Kraft   59
   Die Geburt der Kunst aus dem Widerstand   69
   Eisblumen – Überlegungen zu einigen
      Grundbedingungen weiblicher Produktion   81
LITERATUR
   Die Maschine der Herrschaft   95
   Gegen die Bequemlichkeit der Niederlage   101
   Gibt es eine weibliche Literatur?   109
   Das durchgefallene Genie   121
      Marlies Rohrlach alias Virginia Woolf   129
   Nelly Sachs: Der Tod war mein Lehrmeister   133
POLITIK
   Was kann uns denn schon passieren?   151
   Ich könnte heulen vor Wut   157
   Die rote Rosa   163
   Die nachträgliche Selektion   177

   Eine unschätzbare Mitgift   187
   Quellenangaben   193

VORWORT

Das Vorwort zu einem Band mit einer Auswahl von Essays sollte vor allem einführen, den Weg weisen, die geistige Landschaft schildern, durch die Leserinnen und Leser zu wandern sich anschicken. Das ist nicht überflüssig. Ist doch das Gebiet, das Ingrid Strobl in wechselnder Perspektive, bald in der weiten Sicht historischer Rückblicke, dann im liebevollen Verweilen in einem Tal, vor einer Ruine, im umschriebenen Raum eines verborgenen Platzes durchwandert, vielfältig, schwer zu überblicken, komplex wie etwa die Toskana – wenn auch nicht immer so schön. Alles ist gestaltet von Menschenhand, geschmückt, gepflegt, verstellt, zerpflügt, zerstört, und immer noch im Werden, nie fertig. Da müßte man langsam gehen. Aber gerade das dürfen wir nicht.

Als uns der Kore Verlag aufgefordert hat, diese Einführung zu schreiben, eilte es sehr. Wie kann man die Toskana erschließen, wenn man im Auto durchrast und sie selber kaum richtig kennt!

Wir haben das Werk von Ingrid Strobl über die Widerstandskämpferinnen im Nationalsozialismus (ein Buch, das Herbst 1989 im Fischer-Verlag erscheinen soll) nicht gelesen und kennen außer den Aufsätzen, die in diesem Band – zum Teil gekürzt – enthalten sind, nur noch etwa

9

zehn weitere Arbeiten, jede wieder mit einem anderen Aspekt, einem anderen Weg in die Landschaft, die von der Autorin Patriarchat genannt wird, die wir Menschen gemacht haben, wie sie ist, und die umgestaltet, gereinigt, gerettet werden sollte: Ingrid Strobl, eine gelehrte Ökologin männergemachter Kulturzerstörung.

Es eilt nun doch; und leicht ist es einzusehen, warum. Seit die Autorin in einem Gerichtsverfahren Gegenstand absurder Maßnahmen und Anklagen wurde, wälzt sich eine Flut von Verdächtigungen und Apologien daher. Die ganze Empörung darüber, daß Frauen nicht nur ihre Hälfte des Himmel, sondern auch ihren Anteil am Leben und an der Kultur ihres Volkes einfordern, hat wieder einmal ein Ziel gefunden, eine Angeklagte, die sich gegen die uralten Klagen einer brüchigen, drohenden und kläglich rachsüchtigen Männerwelt wohl nicht so gut wird wehren können. Von der anderen Seite erhebt sich ein Kampfgetöse: Hört doch, Ingrid Strobl kämpft! Mit Ekstase wird ihre kluge Feder, ihre geduldige Arbeit für die große und wichtigste Ungeduld unserer Gesellschaft verzerrt und vernebelt. Es eilt, daß man Ingrid Strobl liest, bevor ihr Werk von einer Flut von emotionsgetragenem Unsinn überrollt wird. (Ob der Justiz mit Lektüre noch zu helfen wäre, endlich zu erkennen, daß die Autorin ihren Kampf ausschließlich mit der Integrität geistiger Waffen geführt hat und weiter führt, wissen wir nicht.)

Die Autorin ist Feministin. Leichthin mag man sich fragen, was wird da noch Neues gesagt, gibt es nicht schon genug, schon zu viele feministische Bücher, Aufsätze, Zeitschriften, Reden? Gewiß haben schon viele Frauen – nicht erst seitdem von Feminismus die Rede ist – gehofft, gekämpft und geschrieben. Doch haben bei weitem nicht alle gewußt, daß Kultur nicht unpolitisch sein kann und so klar erkannt wie Ingrid Strobl: «Frausein heißt noch nicht Feministin sein. Wer Feministin ist, trifft eine Entscheidung, und diese Entscheidung ist bei allen ihren schönen Aspekten sehr unbequem. [...] Sie ist ein Stachel im Fleisch, das nicht mehr hinzunehmen, und das bedeutet ständige Revolte, das macht Kompromisse schal und unbefriedigend. Diese Entscheidung bedeutet, politisch zu denken und zu handeln, und das heißt auch, über die eigene höchstpersönliche Betroffenheit hinauszugehen.»

Jeder Versuch, diese Feministin zum Schweigen zu bringen, ist auch ein Versuch, sie zu «entpolitisieren», wie sie in ihrer Prozeßerklärung sagt; und weiter: «Ich habe mein Leben damit verbracht, laut zu sagen, was ich denke [...] meine politische Haltung zu artikulieren.» Einverstanden: wie der brave Bertold Brecht vor Jahrzehnten gesagt hat; «Ihr müßt verstehen: die Schreibmaschine ist mein Gewehr.» Wie damals zur Zeit des Nazireichs gilt es noch heute: Kulturkritik ist immer politisch, wer schreibt, kämpft, wer zum Schweigen gebracht wird, ist ein Opfer der Macht, wer freiwillig verschweigt, was er doch besser weiß, verrät die gute Sache.

Noch einmal treten wir zurück und fragen: Was ist es, das sie da vertritt, für was sie weiter eintreten wird und muß? Ist es die Sache der Frauen, ihr Recht, ihre Stellung in der Gesellschaft, die Ideologie des Feminismus?

Schauen wir genauer hin. Da gibt es noch andere Themen, Mißstände, Illusionen, stereotype Irrtümer, verderbliche Fehlentwicklungen, gegen die Ingrid Strobl antritt. In der listig-witzigen Mystifikation mit einem Text der berühmten Virginia Woolf geht es um die Entlarvung der selbstgefälligen Arroganz des Literaturbetriebs. Kein Wun-

11

der, daß besonders Frauen frech und blöde abgeurteilt werden. Mit dem Mittel der Ironie demaskiert sie biologistisches Denken aus der Rumpelkammer ewiggestriger Rassentheoretiker. Sie «weiß nicht, was ›weibliche Literatur‹ ist», weiß aber, «eine feministische Literatur kann es so wenig geben wie eine sozialistische».

Um was geht es also? Doch nicht allein um die Frau? Warum schreibt sie immer wieder über Juden, Roma und alle die Verfolgten Erniedrigten, Beleidigten, damals und heute wieder? An Rosa Luxemburg, bei der sie keinerlei feministische Idee entdeckt, imponiert ihr die «oppositionelle Haltung gegenüber der Autorität». «Rosa Luxemburg hat ihre Liebe nicht auf einen Menschen beschränkt, sie hat die ganze Menschheit geliebt.»

Sagen wir es, auch wenn die Autorin uns bescheiden widersprechen sollte – was sie gar nicht kann, weil sie noch immer grausamer – und unnötigerweise eine Gefangene ist – der Autorin geht es um mehr, um Gerechtigkeit, um einen radikalen Humanismus. Sie kann nichts dafür, daß sie eine Frau ist und ihre Kritik darum dort zuerst wach wird, wo sie selbst steht und wo die Verhältnisse von krasser Ungerechtigkeit zum Himmel schreien. Nicht zum christlichen Himmel freilich, sondern zu jener Utopie radikaler Menschenliebe, die seit der Zeit der Aufklärung und der französischen Revolution an die Stelle des allzufernen christlichen Himmels gerückt ist. Gewiß, auch Gerechtigkeit ist nicht allzu nahe, nicht ohne Kampf zu erreichen. Der alte und unersetzliche Wunsch der Menschheit nach Gerechtigkeit umfaßt Männer, Frauen und Kinder, Kultur und Politik. Als «unschätzbare Mitgift», so schreibt Ingrid Strobl, hat sie das Streben nach Gerechtigkeit von ihrem Vater (einem Mann!) mitbekommen. Wer dieses Erbe angetreten hat und

12

damit lebt wie sie, der gibt es auch weiter. Niemand, der sie in den engen Käfig der fanatischen Emanze verweisen oder gar ins reale Gefängnis einer aggressiv-kränklichen Männerjustiz sperren wollte, wird ihren Geist zum Schweigen bringen.

Im Alltag und in der Politik, in der Literatur und Kunst werden diese kräftigen Worte eine Resonanz finden. Je deutlicher es wird, wie fern die Gerechtigkeit ist, desto mehr Menschen werden in den Ruf der Ingrid Strobl einstimmen. Sie ist nicht mehr zu überhören.

Goldy Parin-Matthèy und Paul Parin

ZU MEINEM BUCH

«Die Deutschen haben in der Politik gedacht, was die anderen Völker getan
haben. Die Abstraktion und Überhe-
bung ihres Denkens hielt immer gleichen Schritt mit der Einseitigkeit und
Untersetztheit ihrer Wirklichkeit.»

Karl Marx

Als mir Traute Hensch vorschlug, einen Teil meiner Arti-
kel als Buch herauszugeben, war ich beschämt. Es war mir
peinlich. Die Sammlung von journalistischer Tages-Arbeit
im dauerhaften Rahmen eines Buches erscheint mir noch
immer als eine unzulässige Überhöhung. Ich hätte also
ehrlicherweise dieses liebevolle und solidarische Angebot
ablehnen müssen.

Dagegen stand das ironische Argument, vorgebracht von
Freundinnen und Traute Hensch: «Willst Du es dem Gericht
überlassen, den Leuten Deine Artikel wieder zugänglich zu
machen?» Das mobilisierte eine Art Trotz in mir, denn be-
reits an einem der ersten Verhandlungstage hatte das «hohe
Gericht» eine stattliche Sammlung meiner Artikel verlesen.
Nicht, um mir oder interessierten Zuhörer(inne)n einen
Gefallen zu tun, sondern um meine «Gesinnung», sprich

«Gefährlichkeit», nachzuweisen. Ich habe mir diese Lesung sehr aufmerksam angehört. Man merkt sich nicht, was man im Laufe vieler Jahre alles geschrieben hat. Ich wurde selbst neugierig darauf, was ich schreibend «verbrochen» haben sollte.

Ich glaube, das ist ein akzeptabler Grund, vielleicht der einzige, diese Texte in Buchform herauszugeben: Um zu zeigen, was in diesem Staat als «kriminell», verurteilenswert, als «knastreif» gilt. Insofern kann die Lektüre meiner Texte tatsächlich politisch lehrreich sein. Diese Artikel, zum Teil journalistisches Tagewerk, zum Teil Versuche, bestimmte Phänomene, die mir wichtig scheinen, zu analysieren, Versuche einer radikalfeministischen Theoriebildung, erleben seit meiner Verhaftung die erstaunlichsten Metamorphosen. Während ich noch in Freiheit war, wurden diese Texte als das genommen, was sie sind: Auseinandersetzungen mit bestimmten Situationen, Personen, Zuständen. Die einen fühlten sich bestätigt, die anderen provoziert oder abgestoßen. Wieder andere blieben gleichgültig. Doch plötzlich wurde aus der Schreiberin eine Angeklagte, ein mutmaßliches Mitglied einer «terroristischen Vereinigung». Und aus dem Geschriebenen wurde ein «Beweismittel». Für die Ermittler und Ankläger bewiesen meine Texte (die sie vorher nicht sonderlich beachtet hatten) von Stund an, daß mir alles zuzutrauen sei. Wohlmeinendere Menschen meinten, daß jemand, die derartige Artikel schreibt, keine «Terroristin» sein kann. Dabei hat sich nicht das Geschriebene verändert, sondern nur die Perspektive der Rezipient(inn)en. Die Texte an sich beweisen gar nichts. Weder das eine, noch das andere.

Ich werde gelegentlich eine «Frau des Wortes» genannt, und die mich so bezeichnen, meinen damit implizit, daß ich keine Frau der Tat sein kann. Die Vermutung ist verständlich, fragwürdig ist die damit verbundene Wertung. Da diese Trennung von Wort und Tat gerade an meiner Person exemplifiziert wird, habe ich begonnen, mich mit diesem Phänomen intensiver zu beschäftigen und habe mir einige Fragen gestellt.

Es scheint so zu sein, daß sich die Waffe der Kritik und die Kritik der Waffen gegenseitig ausschließen, zumindest in bezug auf die jeweiligen Akteure und Akteurinnen. Was Marx für die Deutschen in Abgrenzung zu anderen Völkern feststellt, trifft immanent auf Gruppen und Organisationen anderer Länder und Zeiten zu: Die einen schreiben, die anderen kämpfen mit der Waffe in der Hand. Selten tut ein und dieselbe Person beides gleichzeitig, Bakunin, Che Guevara und Mao Tse Tung sind die bekanntesten Ausnahmen.

In den kommunistischen Brigaden des spanischen Bürgerkrieges und bei den sowjetischen Partisanen des zweiten Weltkrieges gab es eigene «Politkommissare und -innen» Sie verfaßten die Berichte und Einschätzungen für die Kommandozentralen. Sie waren zwar bewaffnet, sollten aber nicht an den bewaffneten Auseinandersetzungen teilnehmen. Lenin schrieb seine Werke nicht als Barrikadenkämpfer in Petersburg, sondern als – exilierter, später siegreicher – Politiker.

Einige Revolutionäre und -innen haben nach Beendigung des unmittelbaren Kampfes (im Gefängnis, in der Verbannung oder nach dem Sieg der Revolution, für die sie gekämpft hatten) über ihr Leben, ihre Erfahrungen, ihre Handlungen geschrieben. Vera Figner zum Beispiel, deren Nacht über Rußland es zu verdanken ist, daß die Narodniki, die «Guerilla» des zaristischen Rußland, nicht in Verges-

17

senheit gerieten. Auch seit Louise Michels Lebenserinnerungen wissen wir, daß Frauen im großen Pariser Volksaufstand, der Commune, in vorderster Front standen. Und Gioconda Bellis Bewohnte Frau zeigt anschaulich und lebendig, daß der Befreiungskampf in Lateinamerika keine Männerangelegenheit ist.

Doch Kämpfende, die zugleich schreiben, und Schreibende, die zugleich kämpfen, scheint es kaum zu geben. Die Trennung von «Kopf- und Handarbeit» scheint auch unter Revolutionäre und -innen nicht aufgehoben. Das hat viele Gründe. Der einfachste ist der, daß Menschen in einer akuten bewaffneten Konfrontation mit dem Staat oder fremden Besatzern keine Zeit haben, sich an den Schreibtisch zu setzen und Literatur oder Theorie zu produzieren. Es gibt Zeiten, so Brecht, in denen der Text eines illegalen Flugblattes die wertvollste Prosa ist.

Ein anderer Grund liegt im Akt des Schreibens selbst. Die Produktion von Theorie, von Literatur, aber auch von nützlichen journalistischen Texten ist kein Hobby, sondern Arbeit, die nicht nur ernstgenommen, sondern auch gelernt sein will. Ein anspruchsvoller Artikel, ein Roman, eine politische Analyse erfordern Zeit, Anstrengung, Konzentration. Da bleibt nicht viel Zeit und Kraft für anderes.

Umgekehrt braucht auch der bewaffnete Kampf die «ganze Frau», den «ganzen Mann». Will der «Mensch des Wortes» ein «Mensch der Tat» werden, muß er meist die Produktion von Worten aufgeben, zumindest als «Hauptberuf». Nur die glücklichsten Umstände erlauben eine Verbindung von beidem.

Doch das sind nicht die einzigen Gründe für diese klassisch-kapitalistische Arbeitsteilung auch unter Gegner(inne)n des Kapitalismus. Dieser Widerspruch entsteht aus

18

dem Antagonismus der Klassen und der Geschlechter. Mit wenigen Ausnahmen steht auch heute der Beruf des Schreibens fast ausschließlich Menschen bürgerlicher Herkunft offen – oder denen, die durch ihre Ausbildung in das Bürgertum aufgestiegen sind. Und von Frauen wird schon qua Geschlecht nicht ernsthafte Schreib- und Denkarbeit erwartet. Sie dürfen in Extremsituationen zwar zur Waffe, kaum aber zum Strategiepapier greifen. Wer es jedoch geschafft hat, das Denken und Schreiben zu seinem Beruf zu machen, sich also auch davon ernähren kann, ist schon notgedrungen korrumpiert. Lukács analysiert schonungslos den Journalismus als die grotekeste Ausformung kapitalistischer Entfremdung und Verdinglichung: Der Journalist verkauft nicht nur seine Ware Arbeitskraft (und behält einen unveräußerlichen Rest seiner Person zurück), er verkauft sich ganz und gar, er verkauft seinen Kopf, seine Seele.

Und er lebt unter Bedingungen, die – materiell – nicht die schlechtesten sind. Auch anständige Journalist(inn)en verdienen – wo auch immer – meist mehr als die Mehrheit der Bevölkerung. Vergleichbares gilt nicht unbedingt für Schriftstellerinnen, aber fast durchweg für die Produzentinnen von Theorie, denen nicht selten eine Stelle an der Universität – nicht nur – die Miete sichert. Berufsschreiber und -innen haben durchaus etwas zu verlieren. Und zwar nicht nur ein vergleichsweise angenehmes materielles Dasein, sondern auch einen Beruf, den sie lieben – und häufig zu Unrecht – als weniger entfremdend empfinden als andere Berufe.

Nun hat die Geschichte der Befreiungskämpfe immer wieder bewiesen, daß ein «Mensch des Wortes» (wenn er seine Worte ernst meint) seinen Beruf, seine Freiheit, ja sein

19

Leben auch verlieren kann, ohne daß er sich dem bewaffneten Kampf anschließt. Zu allen Zeiten und in allen Ländern der Erde gibt es Menschen, die im Gefängnis sitzen, gefoltert und ermordet werden, nur weil sie – mit Worten – den jeweils Herrschenden widersprochen haben. Sie haben sich mit ihren Waffen geschlagen und sie wurden und werden mit entsprechender Brutalität dafür bestraft, als hätten sie statt der Feder eine Maschinenpistole in Händen gehalten.

Dennoch. Diejenigen, die Herrschaft bewaffnet bekämpfen, haben selten Zeit und Gelegenheit, ihre Absichten und Ziele jenseits von Diskussionspapieren und «Kommandoerklärungen» den Menschen zu erläutern. Sie müssen sich auf die «Propaganda der Tat» verlassen und darauf hoffen, daß die Menschen ihre Aktionen verstehen. Und gegen die unmittelbare Aussage ihrer Aktionen steht ein Heer von «Vermittlern», von Kommentatoren, Erklärern, die es sich zur Aufgabe machen, die Absichten der Kämpfenden zu verfälschen, zu diffamieren, in den Schmutz zu ziehen.

Die Kämpfenden sind jedoch nicht nur ihren Feinden, sondern auch ihren Freunden ausgeliefert. Den Wortmenschen, die heimlich davon träumen, zu kämpfen, und den Traum kompensieren, indem sie die tatsächlich Kämpfenden bis zur Unkenntlichkeit heroisieren. Indem sie Männer und (seltener) Frauen aus Fleisch und Blut zu unerreichbaren Heldenwesen mythologisieren und damit ihnen gleichfalls entfremden. Selten gleichen die Bilder, die in (sympathisierenden) Büchern und Artikeln von Guerilleras und Guerilleros gezeichnet werden, ihren realen Vorbildern. Den nicht wegzuleugnenden Preis für die Arbeitsteilung zwischen Wort und Tat zahlen meistens die Kämpfenden. Was wir von ihnen wissen, das wissen wir in der Regel *nicht von ihnen selbst, sondern von anderen, die über sie geschrieben haben.*

Angesichts der Niederlage der Komintern in China schreibt Bertold Brecht Die Maßnahme. In diesem «Lehrstück» töten vier illegale kommunistische Kader einen jungen Genossen. Nicht etwa, weil er zum Verräter geworden wäre, sondern einzig und allein, weil er mehrmals gegen die «richtige Linie» verstoßen und damit die Kader in Gefahr gebracht hat. Der Augsburger Bürgersohn Brecht läßt keinem der Beteiligten eine Chance. Sie dürfen nicht darüber nachdenken, wie man den – in ihren Augen – leichtsinnigen jungen Mann auf weniger mörderische Weise loswerden könnte. Wie man verhindern könnte, daß der eine sein Leben lassen muß und die anderen zu Mördern werden müssen. Es ist sehr einfach, am Schreibtisch zu töten.

Zehn Jahre später saßen im besetzten Frankreich (wie auch in Polen, Belgien, Holland etc.) kommunistische Kämpfer und Kämpferinnen in ihren Verstecken und zerbrachen sich den Kopf über all die Fragen, die Brecht seine Figuren sich gar nicht erst stellen läßt. «Dürfen wir einen deutschen Soldaten töten», fragen sie sich, «der womöglich gar kein Nazi ist, sondern einfacher Arbeiter wie wir und von Hitler in einen Krieg gezwungen, den er vielleicht verabscheut?» Und sie quälten sich mit der Frage: «Dürfen wir den Verräter töten, der möglicherweise zum Verrat erpreßt worden ist, der uns verraten hat, um seine Frau, seine Kinder zu retten?» Diese Frauen und Männer, ständig auf der Flucht vor ihren Verfolgern und zugleich im ständigen Angriff auf ihre Verfolger, haben sich in der extremsten Situation ihres Lebens den «Luxus» einer revolutionären Moral geleistet, die ein Brecht an seinem Schreibtisch meinte, durch die «richtige Linie» ersetzen zu können.

Die aktiven Widerstandskämpfer und -innen haben (bis auf sehr wenige Ausnahmen) nicht über ihren Kampf, über sich selbst geschrieben. Wir wissen kaum etwas über ihre Skrupel, ihre Zweifel, Ängste, Alpträume. Wir kennen sie nur vermittelt, dargestellt durch andere, die selbst nicht gekämpft haben und sie lediglich (im besten Fall) bewundern. Bewunderung aber führt leicht zu Verfälschung.

Die ideale Revolutionärin, den idealen Revolutionär gibt es nicht, kann es nicht geben, weil sie auch Menschen sind. Menschen allerdings mit dem Anspruch, nicht bei einmal Erreichtem stehen zu bleiben, sondern sich – auch mit Widersprüchen und Schmerzen – ständig weiterzuentwickeln. Ihr Ziel ist – in einer befreiten Gesellschaft – der befreite Mensch, dessen Befreiungsprozeß bereits im Kampf um die Befreiung beginnen muß. Dazu gehört wesentlich die Aufhebung der kapitalistischen und sexistischen Arbeitsteilung und damit auch der Arbeitsteilung zwischen Wort und Tat.

Die Widersprüche, die die Frauen und Männer, die der herrschenden Gesellschaft den Kampf angesagt haben, bewältigen müssen, sind zäh und zahlreich. Daneben auch noch diesen einen zwischen Feder und Gewehr zu lösen, können nur sie von sich selbst verlangen. Diejenigen, die sich bei der Wahl der Waffen ausschließlich für die Waffe der Kritik entscheiden, haben nicht das Recht, Forderungen einseitig an die anderen zu stellen. Ihre Aufgabe ist es, ihre eigene Rolle ständig zu hinterfragen, ihre eigenen Widersprüche zumindest zu problematisieren und ihre selbst gewählte Profession ernstzunehmen. Es ist kein Verdienst, eine «Frau des Wortes» zu sein. Es ist ein Privileg, und manchmal nur das Zurückschrecken vor einer konsequenteren Haltung. Auf jeden Fall ist es eine schwierige Aufgabe, die nie vollständig zur eigenen Zufriedenheit zu lösen ist. Und

manchmal wird es zum Freifahrschein in die nächste Ge-
fängniszelle, was nicht unbedingt ein Verdienst ist, sondern
ein Gradmesser für die Repressivität einer Gesellschaft.

Essen, April 1989   *Ingrid Strobl*

PROZESSERKLÄRUNG

Wir befinden uns hier in einem Prozeß, der nach dem Paragraphen 129a geführt wird. Ich will daher vor allem etwas zu diesem Paragraphen sagen. Einige der Besucherinnen und Besucher dieses Prozesses werden sich wohl wundern über das abschreckende Ritual, dem sie ausgesetzt wurden, seit sie das Gerichtsgebäude betreten haben. Andere, die mehr Erfahrung mit politischen Prozessen haben, wundern sich nicht mehr. Wer schon länger Verhandlungen beobachtet, die vor Staatsschutzsenaten in diesem Land geführt werden, der und die empfindet dieses Ritual inzwischen fast als selbstverständlich.

Es ist aber durchaus nicht selbstverständlich, daß Besucherinnen und Besucher eines Prozesses den Gerichtssaal nur betreten dürfen, nachdem sie sich einer erniedrigenden Körperkontrolle unterzogen haben. Es ist nicht selbstverständlich, daß selbst die Verteidigerinnen und Verteidiger diese Kontrollen über sich ergehen lassen müssen. Es ist nicht selbstverständlich, daß man sich, um einen Prozeß zu beobachten, seinen Weg durch ein Spalier von Schwerbewaffneten bahnen muß, daß man seine Daten überprüfen und erfassen lassen muß, daß man Stunden, Tage, Wochen in einem festungsartigen, lebensfeindlichen Bunker wie diesem verbringen muß.

Das alles aber ist ein Teil des Sonderrechts, das der Paragraph 129a darstellt. Es ist Teil dieses Paragraphen, der auch außerhalb der Gerichte alles erlaubt, was sonst – noch – nicht erlaubt ist: Hausdurchsuchungen und Festnahmen, Straßenkontrollen und Personalienüberprüfungen, Telefonüberwachung und Observation, die Beschlagnahmung von Büchern und Broschüren, alles ohne dafür einen konkreten, belegbaren Verdacht vorweisen zu müssen. Für all diese Maßnahmen genügt die vage Verdachtsbehauptung, es könne ein Verstoß gegen Paragraph 129a vorliegen.

Diese vage Verdachtsbehauptung reicht aus, um die Menschen, die unter diesem Vorwurf verhaftet werden, unter Sonderrecht zu stellen. Das heißt konkret: Isolationshaft, Sicherheitstrakt, Haftträume ohne Fenster.

Das heißt auch nach Aufhebung der totalen Isolation erschwerte Haftbedingungen. Das heißt Kontrolle der Verteidigerpost, Verteidigerbesuche hinter der Trennscheibe. Das heißt generell radikale Zensur von Briefen, Büchern, Broschüren, Zeitschriften, Besuchen. Das heißt, Besucherinnen und Besucher nur hinter der Trennscheibe sprechen zu können, doppelt überwacht von einer Gefängnisbeamtin und einem Beamten des Landeskriminalamtes, der bei jeder mißliebigen Äußerung den Besuch abbrechen kann.

Menschen, die der Staatsschutz nach Paragraph 129a verfolgt, haben kaum noch Rechte, und selbst die wenigen können ihnen noch genommen werden – indem man sie zum Beispiel unter Kontaktsperre stellt.

Militante politische Gegner und alle, die dafür gehalten werden, sind keine Menschen mehr, sondern Objekte einer sogenannten Sicherheitspolitik, die das Argument der Sicherheit vorschützt, um sich jede Willkür erlauben zu können.

Der Paragraph 129 wurde unter Bismarck erfunden, um die Sozialistengesetze durchzusetzen. Und er wurde fast genau hundert Jahre später von den inzwischen regierenden Sozialdemokraten um den 129a erweitert, um, wie es so schön heißt, den Terrorismus zu bekämpfen. Dieser Paragraph, der als Waffe gegen die sich organisierende deutsche Arbeiterbewegung geschmiedet wurde, überlebte das Ende des Kaiserreiches und das Ende des «Tausendjährigen Reiches». Diese Waffe wurde nach der Niederlage des NS-Regimes sorgsam wieder ausgegraben, poliert, technisch verbessert und dient heute als Mehrzweckwaffe gegen jede radikale, nichtintegrierbare Opposition. Sie ist ein Dokument des Antikommunismus, und sie entlarvt den Mythos von der sogenannten «Stunde Null». Deutschland lag 1945 in Trümmern, aber das klassische Feindbild hatte nicht den kleinsten Kratzer abbekommen. Während zumindest der Antisemitismus nach Auschwitz eine Zeitlang als inopportun galt, reüssierte der Antikommunismus zum tragenden Segment des deutschen Wiederaufbaus. Dieser tief verwurzelte Antikommunismus schien den westlichen Alliierten eine Garantie dafür, daß es sich lohnte, aus den Trümmern ein neues Industriezentrum und «Bollwerk des Westens» aufzubauen. Und so wurden die Konstrukteure und Profiteure der nationalsozialistischen Großraumpolitik bruchlos in die Etablierung dieses imperialistischen Staates Bundesrepublik integriert, da man auf ihre unschätzbare Erfahrung und Kompetenz nicht verzichten konnte und wollte.

Die NS-Wirtschaftsführer, die ganz Europa von Frankreich bis Polen ausgeraubt hatten, mußten sich kaum aus ihren Chefsesseln erheben, um sofort wieder neue Großprojekte zu planen.

Gleichzeitig wurde erneut zum Halali geblasen gegen die

Kommunistinnen und Kommunisten, die es gewagt hatten, das NS-Regime zu überleben, die es gewagt hatten – fast als einzige –, gegen dieses Regime Widerstand zu leisten. Die neue alte Waffe in den Händen ihrer Gegner war der Paragraph 129.

Während der Rassenkommentator Globke in Adenauers Staatskanzlei renommierte, wurden – nach Paragraph 129 – 370.000 Ermittlungsverfahren gegen Kommunisten und Gegner(innen) der Wiederbewaffnung eingeleitet. Während ehemalige Gestapo-Offiziere in bundesdeutschen und US-amerikanischen Geheimdiensten ihr neues Auskommen fanden, wurde die Kommunistische Partei Deutschlands erneut verboten.

Die deutschen Firmen, die die besetzten Länder Europas schamlos ausgepreßt, die sogar noch von der industriellen Vernichtung der jüdischen Bevölkerung profitiert hatten, diese Firmen sind heute besser im Geschäft als je zuvor. Von der Deutschen Bank über Krupp bis zu der von Bayer kontrollierten Degesch, die das Zyklon B herstellte, haben diese Firmen heute ihren satten Anteil an der Auspressung, Selektion, Vertreibung und Vernichtung der Menschen in der sogenannten «Dritten Welt».

Doch dieses Programm funktioniert nur dann reibungslos, wenn im eigenen Lande absolute Ruhe herrscht. Und weil sich der Widerstand gegen dieses neue Programm bald nicht mehr auf die organisierten Kommunisten beschränkte, weil sich die Ruhe weder durch die Notstandsgesetze noch durch die Integration von Teilen der APO, also weder mit Zuckerbrot noch mit Peitsche, herstellen ließ, weil sich immer noch und immer wieder an allen Ecken und Enden Widerstand rührt, deshalb mußte der gute alte Paragraph 129 generalüberholt und den neuen Erfordernissen angepaßt werden. Er wurde um den 129a erweitert, das neue Feindbild hieß nun Terrorismus, und Terrorismus, das ist immer das, was der Staatsschutz dazu erklärt.

Ursprünglich diente das mit diesem Paragraphen geschaffene Sonderrecht in erster Linie dazu, die bewaffneten Gruppen in der Bundesrepublik zu bekämpfen. Doch dabei blieb es nicht. Der Paragraph 129a wurde systematisch neben seinem repressiven Aspekt zu einem Ausforschungsparagraphen ausgebaut, der sich gegen alle politischen Zusammenhänge richtet, die dem Staatsschutz nicht geheuer sind.

Nachdem das Arsenal der Fahnder auch noch um die ad hoc erfundene Konstruktion «anschlagsrelevanter Themen» erweitert wurde, verfügen sie nun über einen Dietrich, der alle Türen öffnet, die ihnen nach dem sonst herrschenden Recht verschlossen wären. Allein im Zusammenhang mit der Winteraktion vom 18.12.1987 wurden 33 Wohnungen und Arbeitsplätze durchsucht, wurde kiloweise schriftliches Material abgeschleppt, wurden wohl hunderte neue Disketten in die diversen Computer eingespeichert. Allein im Zusammenhang mit Ermittlungen gegen mich wurden 28 Personen bis vor ihre Haustür bespitzelt. Etliche wurden auch noch vorübergehend festgenommen, nachdem die Herren des Morgengrauens ihre Wohnungen auf den Kopf gestellt hatten. Noch immer laufen mindestens 20 Ermittlungsverfahren, nach vier Personen wird gefahndet, acht Personen werden inzwischen mit Beugehaft bedroht, weil sie sich weigern, einen Bundesanwalt mit einem Beichtvater zu verwechseln. Die Argumente, mit denen die diversen Ermittlungsverfahren begründet werden, sind atemberaubend. Da reicht es zum Beispiel schon aus, daß jemand mehr als einmal mit mir telefoniert hat. Oder daß sich jemand mit mir zu einer Demonstration verabredet hat. Oder daß jemand mit jemandem telefoniert hat, der sich mit mir zu einer Demonstration verabredet hat. Es reicht, daß bestimmte Menschen sich zu einem Kneipenbesuch verabredet haben, ohne schon vorher am Telefon anzugeben, worüber sie in der Kneipe reden wollen.

Wörtlich heißt das dann so: *«Die Beschuldigte hat [...] an einem Treffen [...] im Hinterzimmer einer Gastwirtschaft teilgenommen, bei dessen telefonischer Verabredung ganz gezielt der Zweck des Treffens auch nur andeutungsweise nicht erwähnt worden ist.»* Spätestens nach Lektüre der Durchsuchungsbeschlüsse vom 18.12.1987 wird deutlich, worum es hier ging. Es ging – und geht – vor allem darum, Gruppen und Einzelpersonen, deren politische Arbeit sich auf bestimmte Bereiche konzentriert, endlich unter das Mikroskop des Staatsschutzes zu bekommen. Insgesamt aber sollten mit dieser Winteraktion 1987 drei Fliegen mit einer Klappe geschlagen werden: Die Herren Staatsschützer wollten herausbekommen, wer da mit wem was macht und bespricht.

Diesen Menschen sollte signalisiert werden: wenn ihr die Finger nicht von gewissen Themen laßt, dann steht ihr mit einem Bein schon im Gefängnis. Und last, not least sollten sich möglichst auch ein paar echte Fische in diesem weitgespannten Netz verfangen. Da die zuständigen Experten im BKA annehmen, daß sich die Revolutionären Zellen in der Szene bewegen wie der Fisch im Wasser, hofften sie, nun endlich einmal den lange ersehnten Fang zu machen.

Daß sich beinahe die ganze Aktion als Schlag ins Wasser erwies, ist ein Grund dafür, daß Ulla Penselin und ich, allen Tatsachen zum Trotz, so verbissen als Mitglieder der Revolutionären Zellen aufgebaut wurden. Und nachdem das ge-

gen Ulla Penselin inszenierte Stück schon bei der General-
probe durchfiel, muß nun der Kriminalfilm gegen Ingrid
Strobl um jeden Preis mit einem Happy-End für seine Regis-
seure in Wiesbaden und Karlsruhe enden.

Der einzige Erfolg, den die Herren Staatsschützer mit der
Winteraktion 1987 tatsächlich verbuchten, ist der, daß sie
seither ihre nimmersatten Computer mit vielen schönen
neuen Daten füttern können und daß ihnen einige politische
Zusammenhänge jetzt scheinbar durchschaubarer sind als
zuvor.

Nicht gelungen ist es ihnen, die politische Arbeit in Be-
reichen Gentechnologie, Flüchtlingspolitik und Sextouris-
mus zu stoppen, die Menschen, die zu diesen Themen arbeiten, einzuschüchtern und zu entsolidarisieren. Ganz im
Gegenteil: Das Interesse an diesen Themen ist seit der Winteraktion 1987 ständig gewachsen. Immer mehr Menschen
wollten nun gerade erst recht wissen, was es damit auf sich
hat. Die neue Mehrzweckwaffe «anschlagsrelevante Themen» geriet zum Bumerang für ihre Erfinder.

Doch das ist kein Grund zur Beruhigung. Diese Winteraktion 1987 war ein Pilotprojekt, die dafür erfundenen «anschlagsrelevanten Themen» bestehen weiter. Diese Worthül-
se wird noch gefüllt werden, und sie wird immer wieder
zum Einsatz kommen, solange sich in diesem Lande Widerstand rührt. «Anschlagsrelevant» ist immer exakt das Thema,
über das die Herrschenden lieber den Mantel des Still-
schweigens breiten würden. Zur Zeit sind das die Themen
Flüchtlingspolitik, internationaler Sexismus, Gentechnologie
und die Situation der politischen Gefangenen beziehungsweise die Forderung nach Zusammenlegung der politischen
Gefangenen. Doch die Auswahl dieser Themen ist beliebig.
Sie richtet sich nach den jeweiligen politischen Gegeben-

heiten. Diese Auswahl wird sich auch nicht auf die Themen beschränken, zu denen es bereits Anschläge gibt. Die Erfahrungen mit dem Paragraphen 129a zeigen, daß hier nicht nur bereits geschehene Taten verfolgt werden, sondern auch Taten, die rein fiktiv in die Zukunft projiziert werden. So wurden z. B. schon lange vor der IWF und Weltbank-Tagung vom letzten Herbst bundesweit flächendeckende Kontrollen und Observationen durchgeführt. Und zwar nicht aufgrund bereits erfolgter Anschläge, sondern mit der Begründung, es seien Anschläge zu diesem Bereich geplant. Das heißt, daß jedes politische Thema potentiell «anschlagsrelevant» ist. Das heißt, daß jede und jeder radikale Linke, jede radikale Feministin potentiell kriminalisierbar ist.

Um heutzutage einem Ermittlungsverfahren ausgesetzt zu werden, um heutzutage im Gefängnis zu landen, dafür bedarf es keiner Taten mehr. Dafür genügt schon eine bestimmte politische Haltung, die vom Staatsschutz als Gesinnung bezeichnet und geahndet wird. Man muß gar keine Bombe legen. Man muß nur mit anderen über Flüchtlingspolitik diskutieren, ohne den Staatsschutz vorher schriftlich zu dieser Diskussion einzuladen. Man muß gar nicht in die Illegalität gehen. Man muß nur einen Text aus der Illegalität abdrucken und damit öffentlich zur Diskussion stellen. Das reicht bereits für ein Verfahren, denn der Paragraph 129a macht es möglich.

Der Paragraph 129a macht es auch möglich, daß jemand ohne einen konkreten Beweis monatelang in Untersuchungshaft gehalten und auch verurteilt wird. Denn die unterstellte Gesinnung ersetzt nicht nur Taten, sondern auch Beweise. Wir alle befinden uns gerade in einem konkreten Beispiel für diese Situation. Das einzige Faktum, das die Anklage gegen mich vorbringen kann, ist der Kauf des bekannten Weckers. Daß der an sich nichts beweist, das wissen wir alle. Daß der an sich nichts beweist, daß weiß sogar die Bundesanwaltschaft. Und deshalb versucht man schon seit einiger Zeit, dieses Manko zu verdecken, indem man sich auf meine Gesinnung stürzt.

Die Artikel, die ich jahrelang geschrieben habe, ohne daß deswegen gegen mich ermittelt wurde, diese Artikel werden plötzlich mit ganz anderen Augen gelesen. Diese Artikel werden in das Verfahren eingebracht als Texte zu «anschlagsrelevanten Themen».

Ein Brief, den ich der DDR-Wissenschaftlerin Lili Segal schrieb, wurde als «Beweismittel» beschlagnahmt. Ich habe in diesem Brief unter anderem erwähnt, daß ich mich als Journalistin auch mit den Themen beschäftigt habe, die neuerdings als «anschlagsrelevant» gelten. Der Bundesgerichtshof zog daraus folgenden Schluß, ich zitiere wörtlich: *«Der Brief kommt als Beweismittel für die subjektive Tatseite in Betracht; er kann den Beweis dafür erbringen, daß sich die Beschuldigte für Ziele engagiert, denen der ihr zur Last gelegte Anschlag galt. Dabei geht es [...] um die subjektive Verbindung der Beschuldigten zu den Zielen, denen der Anschlag galt.»* Mir ist bewußt, daß auch im Verlauf dieses Verfahrens diese «subjektive Verbindung» hergestellt werden soll, eben weil es keine objektiven Beweise gibt. Mir ist bewußt, daß jedes Wort, das ich hier sage, zum Gesinnungsbeweis gemacht werden kann und gemacht wird. Um nur ein kleines Beispiel aus der Erfahrung mit anderen Staatsschutz-Prozessen zu nennen: schon die Verwendung des Wortes «Imperialismus» preßt mich in ein bestimmtes Raster. Es wäre müßig, hier darauf hinzuweisen, daß dieses Wort zum ABC des historischen Materialismus gehört. Daß dieses Wort für die unterdrückten und ausgebeuteten Völker dieser

Erde tagtäglich eine ganz praktische Bedeutung hat; die, daß ihre Kinder zu Millionen verhungern; die, daß ihre Frauen, Männer und Kinder sich in den Weltmarktfabriken zu Tode schuften; die, daß ihre Frauen, Männern und Kinder – durch Hunger oder Giftgas aus ihrer Heimat vertrieben – die Flüchtlingslager füllen; die, daß ihre Widerstandskämpferinnen und -kämpfer bestialisch gefoltert und ermordet werden. Es wäre müßig, hier darauf hinzuweisen, denn darum geht es – scheinbar – nicht. Letztlich geht es genau darum, denn dieser Zustand soll erhalten bleiben. Und jede/jeder, die/der die Methode des historischen Materialismus noch wirklich ernst nimmt, bedroht die reibungslose Erhaltung dieses Zustandes.

Doch vordergründig geht es darum, daß dieses Wort «Imperialismus», das also einen ganz konkreten Zustand der Welt benennt, auch von der Guerilla verwendet wird, die diesen Zustand bewaffnet bekämpft. Das nimmt der Staatsschutz zum Vorwand, um dieses Wort zum Tabuwort zu erklären. Und die, die gegen dieses Tabu verstoßen, einer bestimmten Gesinnung zu überführen. Dasselbe gilt noch viel mehr für das Wort «Guerilla». Denn der Staatsschutz sagt: Wer Guerilla sagt, gehört dazu. Die offizielle Wortschöpfung heißt bekanntlich Terrorismus. Es gibt also nicht nur «anschlagsrelevante» Themen, es gibt auch «anschlagsrelevante» Wörter und Begriffe.

Die Drohung, daß jede Verwendung dieser Begriffe zu einem Baustein für meine Verurteilung gemacht wird, diese Drohung schwebt seit meiner Verhaftung wie ein Damoklesschwert über mir. Diese Drohung ist aber nicht nur ein Versuch, fehlende Beweise durch Gesinnung zu ersetzen, sie ist auch ein Versuch, mich zum Schweigen zu bringen, mich zu entpolitisieren. Wenn ich schon nicht sage, für wen ich den ominösen Wecker gekauft habe, dann soll ich auch politisch den Mund halten.

Ich lasse mich aber nicht zum Schweigen bringen. Ich habe mein Leben damit verbracht, laut zu sagen, was ich denke. Ich habe mein Leben damit verbracht, meine politische Haltung zu artikulieren in Artikeln, Büchern, Diskussionsbeiträgen. Ich bin auch jetzt nicht bereit, mir den Maulkorb umzuhängen, der unsichtbar in diesem Raum für mich ausliegt. Ich weiß, daß ich mir damit womöglich mein eigenes Grab schaufle. Ich weiß aber auch, daß innerhalb und außerhalb dieses Bunkers sehr viele Menschen sehr aufmerksam verfolgen, was hier vorgeht.

Wenn man mich einzig und allein für meine politische Haltung verurteilen will, dann muß das wenigstens in aller Öffentlichkeit geschehen und begründet werden. Ich sehe daher, trotz der abenteuerlichen Anklageschrift, die wir gerade gehört haben, diesem Verfahren mit Gelassenheit und zugleich mit großer Spannung entgegen.

FRAUEN

DU TARZAN – ICH JANE

Es begann scheinbar ganz harmlos und amüsant. Der *Stern* startete eine neue Serie und machte sie mit vielversprechenden, nicht unoriginellen Zitaten auf: «*Eindruck schinden, Selbstbeweihräucherung, Bluff – die ganze Lächerlichkeit des männlichen Lebenszieles offenbart sich in der männlichen Titelsucht. Konsul Weyer hatte nur männliche Kunden*», stand da zu lesen und: «*Das ganze Denken des Mannes kreist um Sexualität und Macht, was beides für ihn im Grunde dasselbe ist*». Wie wahr, wie wahr, mag da manche Frau gegrinst haben, wer hätte sich das nicht schon selbst gedacht? Auch der Titel der Serie *Der Mann – ein Fehlgriff der Natur* ist als Polemik nicht unwitzig, – sollte also der *Stern* zur Besinnung gekommen sein? Professor Dr. Knußmann, der Autor der Serie, ist einer, der es wissen muß: Er ist Direktor des anthropologischen Instituts der Universität Hamburg, Fachmann in Sachen Biologie und Autor eines Lehrbuches. Was will frau noch mehr? Wenn so einer selbstkritischen Humor entwickelt, ist das doch zu begrüßen, oder?

Das Problem ist nur, daß der Mann es ernst meint. Weit entfernt von jeder Polemik und jedem Humor sammelt er Argumente zur Rechtfertigung der männlichen Herrschaft und legt diesen Blödsinn dann mit großer Geste der «Natur» in den Mund. Denn, merke, Weib: Alles ist so, weil es so sein muß. Und warum muß es so sein? – Weil die Natur es so will. Erziehung, Intelligenz, Kommunikationsfähigkeit, Prägung, Sozialisation, Klassenschranken, Geschlechterrollen – alles wegwerfen! In den Mülleimer damit! Geschichtliche Gewordenheit, kulturelle Entwicklung? – Altertümlicher Quark, den kein fortschrittlicher Affe mehr hören mag. Die Dinge liegen nämlich so:

1. Der Mann ist von Natur aus größer, und zwar im Durchschnitt zehn Zentimeter, als die Frau. *«Dieses Erlebnis seiner Körperhöhe vermittelt ihm das Gefühl der Überlegenheit, und dieses Gefühl festigt sein Selbstbewußtsein [...]. Die Frau aber blickt zum Mann empor. Dieses ständige Aufsehen zwingt ihr das dauernde Gefühl der Unterlegenheit auf – ein permanentes psychisches Trauma, das ihr die Rolle der Dienerin als gottgegeben erscheinen läßt».* Also, ihr Emanzen, geht nach Hause! Die Gleichberechtigung der Frau ist ein leerer Wahn, es sei denn, ihr erfindet eine Pille, die die Frau um 15 Zentimeter wachsen läßt. Aber selbst das nützt euch nichts, denn

2. *«Das Testosteron beherrscht den Mann, ihm ist er hörig.»* Dieses Testosteron ist das männliche Hormon, und es *«überschwemmt»* den Mann mit Adrenalin – will sagen Aggression – es *«zwingt ihn zum Zähnefletschen».* Diesem wilden Tier ist die Frau hoffnungslos ausgeliefert. Zwar verfügt sie auch über Testosteron, aber bei weitem nicht ausreichend. Über das Weib bestimmt vielmehr das *«freundliche»* Hormon Östrogen, und dieser Unterschied zwischen den beiden Hormonen ist *«charakterbestimmend: Der Mann ist der Unverträgliche, die Frau die Friedfertige».* Kannste gar nichts machen. Du Tarzan, ich Jane.

3. Die *«Lust am Töten [ist] – eine männliche Lust. [...] Im-*

mer wenn es darum geht, zu töten, zu foltern, Gewalt an-
zuwenden, ist es Männersache. Der Beruf des Schlächters ist
ein typisch männlicher Beruf [...].» Wie, Weib, du wagst es,
Einwände zu erheben? Du reißt dir gar den Heiligenschein
vom Kopf, bedauerst, daß er dir zu Unrecht verliehen wurde, und verweist auf die blutige Brygida, die unzählige Jüdinnen im KZ Majdanek folterte und ermordete?

Du zeigst auf Margaret Thatcher, die gerade voll am
Kriegführen ist? Nichts kapiert! Diese Ausnahmen bestätigen
nur die Regel. Denn

4. «*Dem Wesen der Frau entspricht der Altruismus*». Und
was schließt der Herr Professor daraus? – «*Das weibliche
Geschlecht wagt jedoch gar nicht, gegen das männliche
anzutreten*». Genau. Die Frauenbewegung – eine Chimäre.
Der Feminismus – die Erfindung eines wirren kindlichen
Hirns. Denn

5. kindlich ist das Weib auch: «*Schon früh in der Gei-
stes(?)geschichte des Abendlandes machte der Mann eine
tolle Entdeckung: Er merkte, daß die Frau einem Kind
ähnlicher sieht als er. In der Tat weicht die Frau in vielen
Merkmalen in derselben Richtung vom Mann ab wie das
Kind.*» Zu diesen Abweichungen gehören dann «natürlich»
auch ihr «*geringeres mathematisch-technisches Verständnis
und freilich weniger logisches Denken*». Anders ausge-
drückt: «*Die Frau ist ontogenetisch primitiv.*» Hat hier eine
«entlarvt» gebrüllt? Quatsch. Der Herr Professor meint das
nicht so, wie es klingt. Er erklärt nämlich anschließend, daß
diese primitivere Entwicklungsstufe eigentlich die höhere
sei, weil das Weib eben noch nicht so abgeschlossen ist wie
der Mann, sondern für weitere Entwicklung offen: «*Gleichsam symbolisch zeigt sich die Offenheit der Frau schon an
ihrem Körper. Ihre Geschlechtsteile bleiben offen [...]*». Über-

haupt spielt diese «Offenheit» eine ganz große Rolle für das «Wesen» der Frau, für ihre *naturgegebene Entwicklung*. Denn während noch das Affenweibchen sich seinem Herrn und Meister nur öffnet, wenn es heiß ist, ist die Frau

6. *«ständig zum Geschlechtsverkehr in der Lage. [...] Der menschlichen Frau mit ihrer sexuellen Dauerbereitschaft ist es gelungen, einen Mann bleibend an sich zu binden. Sie stellt sich ihm ja auch ständig zur Verfügung und vor allem: Sie sendet in Form ihrer Brüste ein sexuelles Dauersignal aus.»* Also, Frauen, nicht bös sein, wenn uns die Männer vergewaltigen, wir sind schließlich selber schuld! Vor allem, wenn die armen Kerle wieder mal das Testosteron überschwemmt, wie sollen sie da unseren Dauerreizungen widerstehen? Und vor allem, Frauen, wir haben es doch letztlich geschafft! Denn laut Knußmann hat das Weibchen den Mann

7. *«trotz aller Dominanz [...] dazu gebracht, über seine Schutzfunktion hinaus auch bei der Nahrungsbeschaffung für sie, ihn und ihre Kinder mitzuwirken. Ihre erfolgreiche Waffe war und ist die immerwährende sexuelle Auslöserfunktion ihres Körpers.»*

Hier ist es allerdings leider unvermeidlich, dem Herrn Professor trotz aller Bewunderung ein kleines Stückchen seines Ruhmes abzuknapsen: Diese originelle Idee stammt nicht von ihm, die hatte schon Esther Villar. Ohne alle «wissenschaftliche Fundierung». Wer hier aber verbittert und unbekehrbar fragt, was denn für eine «Schutzfunktion» gemeint sei und warum es nur ihre Kinder sind, die sollte sich lieber fragen, ob sie eine richtige Frau ist!

Ach so, falls sie nicht weiß, was das ist, der Herr Professor hat auch zur rein körperlichen Identifizierung dieses Wesens geforscht. Die Femina Knußmannensis sieht so aus. *«Sie*

42

verfügt über den Zusatz der vorgewölbten Brüste, sie besitzt
die stattlicheren Hinterbacken, sie hat die längeren Haare.»
(Hier verwirrt sich selbst der demütige Blick der Bewunde-
rin: Lieber Herr Professor, kann es sein, daß Sie dieses eine
Mal irrten? Ich habe Kollegen, die haben längere Haare als
ich. Sind sie – Frauen!?!? Bin ich – ein Mann!?!?)

Aber, mag nun die Skeptikerin fragen, worauf soll all das
hinaus? Die Antwort ist einfach: Der liebe gute, kluge Herr
Professor will uns Frauen das Leben endlich leichter machen. Gebt den Kampf auf, rät er uns, hört auf mit dem
dauernden Widersprechen, seid Weib, seid Kind!

Denn erstens hat es ohnehin keinen Sinn, Widerstand
gegen die herrschenden (Geschlechter-)Verhältnisse zu leisten, da die Natur die Männer mit mehr Testosteron sprich
Kraft und Willen zum Töten ausgestattet hat. Und zweitens,
– ihr Frauen seid auch nicht dazu geboren, Trouble zu machen. Tief in der Seele wollt ihr nämlich eure Unterwerfung:
Der Grund dafür? – Die Liebe!: *«Der Orgasmus erlangte [für*
die Frau] eine ungemein starke bindende Wirkung [...] und
erwies sich als Weg zu einer großen seelischen Liebesfähig-
keit. Der Orgasmus selbst, der körperliche Sex wurde dar-
über eigentlich zur Nebensache. Der Mann dagegen kann
nie so lieben wie eine Frau, die sich ganz aufzuopfern ver-
mag. Nur sie ist fähig, echt und selbstlos zu lieben.» Und was
ergibt sich also nun, schlußendlich, aus dieser Opferfähig-
keit? Das Wunschziel des Autors: *«Aber die Liebe zu ihrem*
ungehobelten Ableger führt die Frau in die freiwillige Ab-
hängigkeit.» In die freiwillige Abhängigkeit. Das lasse frau
auf der Zunge zergehen.

Diese Botschaft aus dem Urwald war denn selbst einigen
Stern-Mitarbeiter(inne)n zuviel. Zwei Redakteurinnen, Barbara Beuys und Uta König, wehrten sich mit zwei Mei-

nungsbeiträgen gegen den «*Versuch, die alten Rollen von Mann und Frau zu zementieren*» (Barbara Beuys) und setzten dagegen: «*Erst wenn Männern Menschsein nicht als Laschsein ausgelegt wird und Frauen nicht mehr als Rabenmütter angesehen werden, weil sie außer Kindererziehung noch vieles andere im Kopf haben – erst dann wird die Welt nicht mehr in ‹typisch männlich› und ‹typisch weiblich› aufgeteilt sein.*» (Uta König)

Und auch ein männliches Redaktionsmitglied wollte nicht so einfach zur Spezies der Affen gezählt werden. Unter dem Titel *Affen auf die Bäume* wehrte sich Reporter Herrmann Sülberg dagegen, zum Vergewaltiger und Mörder von Natur aus gestempelt – und auch noch dafür entschuldigt zu werden.

Und was schon hausintern zu solchen Kontroversen führte, bewegte selbstredend auch die Leser(innen). Unter den männlichen Lesern fanden sich durchaus noch Fossile der alten Schule: Wie Fritz Baumgärtel aus Köln mißverstanden sie ihren raffinierten Komplizen Knußmann als Gegner und konterten: «*Die ganz großen Kulturleistungen sind nun mal von Männern vollbracht worden!*» Ein Geschlechtsgenosse der beiden, Michael Labs aus Gummersbach, hat allerdings ganz unaffig den Sinn der Sache erkannt: «*Der ‹Dämpfer für den Mann› wurde wieder mal zu einem Hieb gegen die Frau.*»

44

ZEHN JAHRE FRAUENBEWEGUNG

Vor genau 10 Jahren erschienen in Frankfurt am Main. Im Jahr der Trauer, 1978, immer noch/schon wieder mit Staunen gelesen. 10 Jahre danach erscheint im Frankfurter Sponti-Blatt *Pflasterstrand,* im Artikulationsorgan der männlichen Obersensiblen, der Artikel eines Genossen, der frisch von der Vorhaut weg, nicht ohne genießerisches Verbalschmunzeln, ansonsten aber höchst engagiert, EHRLICH, ja, vor allem ehrlich, berichtet, wie er seine Freundin schwanzfickt, am liebsten zu Tode ficken würde, in den schwangeren Bauch tritt und prügelt. Das alles tut er, weil's ihm ein unbeschreibliches (dann aber doch beschriebenes) Bedürfnis ist, und: weil es endlich an der Zeit ist, mal ganz offen rauszusagen, was uns so lange schon stinkt: daß die Weiber schon mehr oder weniger die Macht übernommen haben, zumindest bei uns Softies, die wir's uns gefallen lassen, daß sie uns ihre prüde, frigide Moral aufzwingen, uns in unseren urigsten Gefühlen und Bedürfnissen beschneiden, und überhaupt: jetzt reicht's! Der Punkt ist erreicht, wo sich das unterdrückte, triebversagte, gefrustete, geknechtete Individuum erhebt wider seine Unterdrückerin, sie mal kräftig in den Bauch tritt, wie's ja auch der urige Prolet gemacht hätte.

Zehn Jahre erbarmungsloser Feministinnenherrschaft

sind genug! Ein kopfloser Geist geht um in Europa, liebevoll Tendenzwende gerufen, die Konterrevolution, ohne vorhergegangene Revolution.

Der Pflasterstrand-Artikler ist kein einsamer Rufer in der Wüste, er ist ein mit der Horde heulender Wolf, den die Großmutter aus dem Bett geworfen hat. Der Wolf ist zum Jäger übergelaufen, die Rotkäppchen jedoch sind schon wieder bereit, sich für die Taten ihrer Großmutter zu entschuldigen.

Die Frauenbewegung, stärker denn je, ist unfaßbarer denn je. Sie ist nicht katalogisierbar. Frauenbeweglerinnen werden ständig mit der anderen Fraktion verwechselt, mit den falschen identifiziert. Da ist ein eifriges Distanzieren, Verteufeln, Abgrenzen, Vermitteln, Appellieren im Gange, da fallen die *Courage*-Frauen in Ohnmacht, wenn man sie mit den *Emma*-Macherinnen verwechselt, und das Frauenprojekt Selbstuntersuchung wirft mit Spekula um sich, wenn man es für die Gruppe «Sozialistische Reproduktion» hält.

UND SIE BEWEGT SICH DOCH! Über und unter den Querelen bewegt sie sich, immer mehr Frauen wehren sich auf immer mehr Gebieten, immer mehr Meinungsmacher fühlen sich genötigt, irgendein Wort zu Frauen fallen zu lassen, und sei's der größte Blödsinn, er kann doch nicht mehr völlig ungebrochen verzapft werden.

Die Bewegung selbst war nie eine Partei, nie ein starres Gebilde, das sich spalten ließe. Die Bewegung ist genauer geworden, sie hat sich die Probleme einzeln vorgenommen. Nach Herstellung eines gewissen Grundkonsenses sind die Frauen grüppchenweise auseinandergegangen, um auf jeweils spezifische Probleme einzugehen, sich bestimmtere Analysen, Methoden, Strategien, Theorien zu überlegen, um spezifischere Praxis zu machen. Der große Kommunikationszusammenhang Bewegung ist da, Informationen werden mannigfaltig ausgetauscht, die Kleingruppen arbeiten, es ist nicht nötig, die große Partei vorzuspielen, die alles koordiniert, regelt, kontrolliert. Es gibt keine Einheitsmeinung, keine Einheitsparolen, Frauen assoziieren sich frei.

Es gibt tausenderlei Projekte, die in den letzten zehn Jahren entstanden sind: Frauenzeitschriften, Häuser für geschlagene Frauen, ein feministisches Gesundheitszentrum, Gewalt-Gruppen, Frauenbuchläden, Frauencafés, Frauenkarategruppen, Frauen organisieren sich in Berufsgruppen, als Filmemacherinnen, Journalistinnen, in den Gewerkschaften, in den Bürgerrechtsbewegungen, der Anti-AKW-Bewegung, als Mütter, Töchter, Lesbierinnen etc. Frauen, die sich frei assoziieren, wissen, was sie tun. Sie wissen, wofür, warum sie was machen. Sie werden das auch nicht so schnell aufgeben, nicht so leicht konvertieren.

Und doch, der kopflose Geist der Tendenzwende hat seinen weiten Mantel auch über die Frauenbewegung gebreitet, und einige von uns sind klammheimlich darunter mitgelatscht. Die Beobachterin im Jahre des Herrn 1978, am Ende dieses 10. Jahres danach, konstatiert im subjektiven Rückblick Tendenzen und Gefahren.

Unter den tausend Klein- und Kleinstgruppen in der Bewegung finden sich große Konsensgruppen zusammen: Frauen, die sich quer über Europa in bestimmten Analysen und Methoden, Strategien und Überlegungen einig wissen. Der Grundkonsens war schnell erreicht, von fast allen Seiten unterschrieben, er blieb immanent: der Grundkonsens zwischen Feministinnen, Sozialistinnen, Parteien (zumindest sozialdemokratischen) war die Forderung nach Mehr, die Behauptung des Defizits, des «Cultural lag» der Frauen, die Erkenntnis ihres Nachholbedarfs und der Glaube, ein Mehr bis zur Gleichheit wäre die Lösung der Probleme: mehr Kindergärten, mehr Rechte, mehr Lohn, gleicher Lohn, gleiche Arbeit, gleiche Ausbildung.

Ulrike Prokop analysiert diesen Konsens sehr richtig als Verselbständigung beschränkter Strategien: *«[...] ohne Interesse an den Widersprüchen im alltäglichen Lebenszusammenhang der Frauen und an den Möglichkeiten ihrer Selbsttätigkeit stagnieren jedoch die Forderungen der bürgerlichen und proletarischen Frauenbewegung nach Gleichberechtigung, nach gleichem Recht der Frauen auf Ausbildung und Berufstätigkeit, nach ökonomischer Unabhängigkeit zu formalen Leitbildern.»* Die Forderung nach Gleichheit bleibt immanent, sie ist formal in dieser Gesellschaft einlösbar, sie ändert nichts, zumindest nicht zum positiven, sie fördert lediglich die Identifikation mit dem Aggressor und zum andern den Rückzug in die Idylle des Briefeschreibens an *«verantwortliche Persönlichkeiten des öffentlichen Lebens»:* Wir fordern...

Das emanzipatorische Ideal implizierte wesentlich die Utopie vom Neuen, vom anderen Menschen. Kritisches Bewußtsein und Sensibilisierung in der Studentenbewegung verwiesen die gesellschaftliche Analyse an das Privatleben, an den Reproduktionsbereich, die unberührte Zweisamkeit in Heim und Familie, die Cella Sacra, an deren Schwelle bisher das helle Licht der Aufklärung ehrfürchtig erlosch. Hans-Jürgen Krahl forderte die *«Organisation einer qualitativen Empirie, die sich bezieht auf die Produktion von Gebrauchswerten, die Befriedigung von Bedürfnissen und die Erzeugung von Interessen [...].»* Die Befriedigung von Bedürfnissen wird vom ausgebeuteten Menschen der sechziger Jahre in der Konsumation gesucht, die Konsumation gehört ins Private. In ihrer Orientierung am Konsumbereich und in der Forderung nach konkreter Utopie, nach Selbstverwirklichung der Menschen im Hier und Jetzt, im Kampf gegen die Gesellschaft, die diese Selbstverwirklichung verhindert, in der Organisierung der Kommunen, der Entwicklung alternativer Verkehrsformen postulierte die Studentenbewegung für kurze Zeit die Lust am Spezifischen, am Individuum, an der Imagination, der Utopie.

Bevor sich jedoch irgendeine Form von Kontinuität entwickeln kann, brüllen die bürgerlichen Individuen (Studentenrevolutionäre) nach den Massen und deren Abscheu vor derartigen Perversionen. Das Bestehende, das imaginierte Menschliche wird diffamiert als kleinbürgerlicher Individualismus. Hans-Jürgen Krahl warnt schon im Sommer 1969 davor, daß der *revolutionäre Protest in den Metropolen [...] mit der Einführung tradierter Klassenkampfkategorien und taktischer Realitätsprinzipien den kompromißlosen Impetus revolutionärer Negation erstickt, daß er über der klassenbewußten Realpolitik die Revolution vergißt»*. Über den Ermattungen der Betriebsarbeit wurde der Kampf um die alternativen Verkehrsformen vertagt, die Glorifizierung proletarischen Umgangs feierte fröhliche Urständ. Die Tomaten der Frauen auf SDS-Kongreß klatschten da als Volltreffer auf die klassenverratsbewußte exkleinbürgerliche Heldenbrust. Die Frauen, deren Primärbereich die als sekundär bezeichnete Reproduktionssphäre ist, erklärten den Genossen den Geschlechterkampf. Zwei Jahre später formulierten radikale Feministinnen ihre Ablehnung der Gleichheit. Die Gesellschaft wurde als patriarchalisch analysiert, interpretiert und abgelehnt. Gleichheit wurde als Anpassung an die Normen der patriarchalischen Gesellschaft erkannt und verworfen, die Realpolitik wurde gegen die Revolte eingetauscht.

Nach der Euphorie der §-218-Bewegung, der ersten Frauenzentren, Selbsterfahrungsgruppen, der Emanzipation vom Legitimationszwang vor den Genossen, der erstmals praktizierten Autonomie in der Hinwendung auf das eigene Geschlecht, auf die eigene Geschichte, auf die eigenen spezifischen Bedingungen und Widersprüche, formulieren sich die ersten autonomen Forderungen. Nach der ungebrochenen Einigkeit der ersten Stunden verweisen die entstehenden Differenzen auf die Mannigfaltigkeit der Strukturen, Bedürfnisse, Vorstellungen. Die erste größere Eskalation provozieren die Lesbierinnen, die durch ihr aggressives, Legitimation und Toleranzgeheische erstmals verweigerndes Coming-out die peinlichste aller Fragen stellen: Wie kannst du Privatleben und Politik vereinbaren, wie kannst du dich in der Frauenbewegung autonom organisieren und zuhause deinem Typ eine gute Frau sein, wie kannst du deine Schizophrenie aushalten, den Sexismus bekämpfen zu wollen und dabei täglich schön brav die Pille zu fressen?

Die Lesbierinnen warfen die brennende Fackel in die Cella Sacra, und was da erleuchtet wurde, wäre besser im Dunkel geblieben. In der allgemeinen Verunsicherung profilierten sich allein die Reformistinnen, die mit dem Verweis auf a) die «neuen» Frauen, b) die Arbeiterin, c) überhaupt die normale Hausfrau, die das allesamt nicht vertragen könnten und sich mit Abscheu von uns wenden (...) das große Wort vom Frauenverschrecken feierte seinen Einzug in die Frauenbewegung. Die Massen, die Massen, es könnt ihnen nicht passen.

Die letzten, die vor der Frauenbewegung in eben diesem Problem aneinander- und auseinandergeraten waren, waren die Theoretiker der Studentenbewegung. Krahl: *«Diese allgemeinen Überlegungen richten sich auch gegen das Argument, die direkte Aktion isoliere die APO nur von der Be-*

völkerung und passe sich taktisch zu wenig an deren Bewußtsein an. Sieht man davon ab, daß die taktische Anpassung an falsches Bewußtsein dieses noch nie verändert, aber fast immer die revolutionären Prinzipien über Bord geworfen hat, so falsifiziert sich dieses Argument an ihrem eigenen Erfolgskriterium».

Die Frauenbewegung begann mit dem Bekenntnis illegaler Aktionen: Frauen erklärten öffentlich *«Ich habe abgetrieben».* Eine als kriminell sanktionierte Handlung wurde als das deklariert, was sie de facto war: normaler Bestandteil weiblichen Alltags. Die defaitistische Angst um die «neuen» Frauen ist eine massive Projektion eigener Angst auf die angebliche Bewußtlosigkeit und Hilflosigkeit der berüchtigten «neuen» Frauen.

Die Reformerinnen bilden heute noch eine starke Gruppe in der Frauenbewegung. Eine Gruppe von ihnen würde sich am liebsten jeden Bittbrief von der Regierung finanzieren lassen; sie entwickeln dem System seine Reformen, verbuchen jede vom reibungslosen Funktionieren des Kapitalismus diktierte Reform als eigenen Erfolg und gehen tapfer und doppelbelastet den langen Marsch durch die Institutionen.

Die andere Gruppe, das ist die Möchtegernmütterchenpartei, die Hausfrauen aus Leidenschaft; sie organisieren, ordnen ein, um, checken, terminisieren, korrespondieren, machen, überzeugt davon, daß das System einmal an ihrer besseren Einteilung scheitern wird. Sie sind permanent überarbeitet, gestreßt, sehnen sich nach einem Sekretariat, einer schönen Koordination, irgendwer muß ja doch die Verantwortung übernehmen. Da schlägt angesichts längst abgewandter Inhalte die wildgewordene Form um sich. Die verhinderten Bürokratinnen (eine Partei schickt sich einfach

51

nicht für die Frauenbewegung) organisieren sich an dem Nervenzusammenbruch oder Parteieintritt – für eine Bewegung, die sich längst woanders bewegt. Indem sie ihr Rollenverhalten in die Bewegung transportieren, die dieses Rollenverhalten kritisiert, provozieren sie als putzfimmelige Mütter den Exodus der Töchter.

Die Reformistinnen nisten sich ihr Nest und Puppenheim am Rand des weiten Mantels der Tendenzwende in geschäftigem Vereinswesen. Stets die Grenzen vor Augen, perpetuieren sie Ordnung, Hierarchie, Delegation von Verantwortung, das jeweils herrschende Vereinsrecht im Kopf und Streß im Magen.

Ihnen strukturell fatal verwandt und doch meist verfeindet sind die Urmütter der Bewegung, die leibseienden, mondphasenrhythmischen, fruchtbaren, erdnahen, instinktbewahrthabenden Wahrsagerinnen aus dem Menstruationsblut. Sie fixieren die Geschlechterdifferenz auf ihre akuten Ausprägungen, identifizieren sich mit den diffamierenden Zuschreibungen, ohne je deren Bedingtheit zu hinterfragen. Das Urweib erhebt sich aus dem Schlamm, die Frau als primär, a priori, per se Mutter.

Biologistische Argumentationen spazieren haarscharf an faschistischer Optik vorbei. Da erscheint die Ideologie in der Verkleidung des Mythos.

Wie stark diese Tendenzen sind, zeigt die Diskussion in der allgemein als linkslastig verstandenen Berliner Frauenzeitschrift *Courage* um Peter-Paul Zahl und der Bericht über die Anhörung Irmgard Möllers in Stammheim. Hier wird die Hilflosigkeit der Frau, das alte Märchen von «Frauen und Kinder zuerst» repetiert, als wär's der Weisheit letzter Schluß. Die Gewalt, die Macht, der Kampf, das BÖSE in der Welt – es schreckt die Gebenedeiten unter den Weibern, die die mitleidende Geste für Solidarität setzen und denen die Achtung verweigern, die Mitleid nicht fordern. Wo man weint, da laß dich ruhig nieder – in der Schwäche finden wir uns wieder. Die Mutter-Kind-Welt wird als harmonisch und friedlich per se gegen die Welt des Krieges, der Politik, des Kampfes gestellt.

Was hier – und das interessiert auch über die spezifische Auseinandersetzung hinaus – doziert wird, ist einmal kritikloser Antagonismus von Gut und Böse und dann in der Verherrlichung der Frau als Mutter die Diffamierung der kinderlosen Frauen. Freud strahlt vom Himmel, die Erfüllung der Frau ist halt doch der Ersatzpenis, die reife Sexualität der Frau, ihre schicksalshafte Bestimmung wird schon wieder mal «erkannt». Die Frage «was wollen die Frauen» wird wieder mal einschlägig beantwortet.

Die Tendenzwende tobt auch als Restauration der Reproduktionsfähigkeit. Der BRD-Staat läßt die Fachleute überlegen, wie man die absinkende Geburtenrate steigern könnte. Das Gespenst Nullwachstum wird bedrohlich an die Wand gemalt, ein Panoptikum verhungernder Pensionisten wird den Frauen als Zukunft vorgeführt – alle buhlen um die Frucht ihres Leibes. Und Nora entdeckt plötzlich, daß sie schon immer mit Puppen spielen wollte. Hier werden Widersprüche, Probleme, Schwierigkeiten, die Situation einer Mutter in der heutigen Gesellschaft verschleiert, verpackt und als ursprüngliche Befriedigung an die Frauen verkauft.

Bevor wir nicht annähernd eine Situation geschaffen haben, in der wir frei wählen können zwischen «Kinder oder keine», solange sich die Nicht-Mütter legitimieren und ihr abweichendes Verhalten erklären müssen (auch vor sich selber), solange ist es verfrüht und zynisch, von der großen Chance und dem unendlichen Glück der Mutterschaft zu sprechen. Alles Gerede von Frau und Natur und Frieden und Machtlosigkeit bleibt affirmative Argumentation und ein Bumerang ins Gesicht all der Frauen, die sich gerade aus diesem Netz zu befreien suchen. In dieselbe Kerbe schlägt die massive Theoriefeindlichkeit der Profibauchfrauen. Sie formiert sich paradoxerweise gerade unter denen, deren Arbeitszusammenhang die Theorie ist, den Studentinnen und Intellektuellen. Sie lehnen die herrschende Theorie und Wissenschaft mitsamt ihrem Instrumentarium ab – gewissermaßen in einem immanenten Arbeitskampf –, sind aber nicht willens, alternative Methoden und Inhalte zu entwickeln, und verweigern allen Frauen den Zugang zu eben dieser Entscheidungskompetenz.

Es ist eines der ältesten und abgeschmacktesten Ondits, daß die Frauen nicht denken können. Allein daß noch dagegen argumentiert wird, beweist, daß es noch nicht aus der Welt ist. Es ist schon einer der wichtigsten Schritte zur Selbstbefreiung, das sapere aude, das den Frauen nun schon wieder verteufelt werden soll. Die Frauen, die das neue, intellektfeindliche Postulat erreicht, sind ausgezogen, Wissen zu suchen, Erkennen zu lernen, – in der alten sozialdemokratischen Hoffnung, daß Wissen Macht sei.

Diese Illusion ist nicht produktiv auflösbar durch ihre schlichte Negation in allen Punkten: Negation des Wissens und der Macht. Denn wenn auch Wissen nicht Macht ist, ist doch Unwissen Ohnmacht und die Unfähigkeit, zu erkennen, Machtlosigkeit, die, zum Entschluß erhoben, sich zu Masochismus transformiert: Mater dolorosa durch den Schleier geschützt vorm bösen Blick der Abstraktion. Es ist schlicht menschenverachtend, die Frauen auf ihren Instinkt und ihre Emotionen zu reduzieren. Hier wiederholt sich –

frauenspezifisch – der Umschlag der Aufklärung zum Irrationalismus.

Die Frauenbewegung hat ursprünglich die Synthese aus Intellekt und Emotionen, aus öffentlich und privat, aus Analyse und Aktionen zum Desiderat erklärt, als Aufgabe postuliert und als imaginierte Menschlichkeit phantasiert. Aber Frauen tragen das Instrument ihrer Unterwerfung, ihrer Rückverweisung an den Herd, der Liquidation der Geschichte in sich: es ist ihre Gebundenheit in die Familie, in die heilige heterosexuelle, monogame, «natürliche» Zweierbeziehung.

Die Familie als Beginn und Ziel unseres Lebens ist der Mythos, den wir in uns tragen. Die Bilder vom trauten Heim, der Horror vor der Einsamkeit, die «Natürlichkeit» von Kindern – das sind die Bilder, die unsere Träume formen, das Selbstverständliche, das zu bekämpfen Anstrengung erfordert. Suzanne Brogger formuliert verzweifelt, doch unwiderrufbar entschlossen: *«Angenommen, dies sei unsere Natur geworden, dann sehe ich keine andere Möglichkeit, als die Natur zu ändern. Unter anderem, um zu überleben».*

Die Lukács-Schülerin Agnes Heller kommt in ihrer Untersuchung des Alltagslebens, der individuellen Reproduktion, unter anderem zu der Feststellung: *«Vom Gesichtspunkt unserer menschlichen Entfaltung sind die Beziehungen die entscheidenden Verkehrsformen des Alltagslebens: je intensiver sie sind, je mehr sie auf Gleichheit beruhen, je stärker das Moment der freien Wahl in ihnen ist, je mehr auf der Basis der ‹Liebenswürdigkeit› zustande gekommene, frei gewählte Beziehungen das Leben der Menschen kennzeichnen, umso menschlicher ist ihr Leben. Solche Beziehungen sind der höchste Wert im Alltagsleben.»* Dieser *«höchste Wert im Alltagsleben»* realisiert sich für die meisten Menschen nicht als frei gewählte Beziehungen auf der Basis der Liebenswürdigkeit, sondern als internalisierte Zwangshandlungen, die die Norm vorschreibt, und deren Scheitern (Scheidung) gesellschaftlich sanktioniert wird, wobei bei der Frau noch massiv Schuldgefühle produziert werden.

Der Kampf gegen die Familie, gegen die Norm des Paares, gegen die zwangsverordnete Heterosexualität war stets der radikalste. Die Negierung dieser heiligen Werte fand in kein noch so revolutionäres Parteiprogramm Eingang. Von Lenin bis Landauer kann sich kein männlicher Revolutionär wirklich eine Gesellschaft vorstellen, die alle Werte, Normen, Selbstverständlichkeiten, Natürlichkeiten über Bord wirft, um neue, freie menschliche Beziehungen zu entwickeln.

Wenige haben es gewagt, und es waren Frauen: Louise Michel zum Beispiel. Sie, wie die anderen Waghalsigen, praktizierten ein Leben ohne Vorbild, ohne Sicherheit, außerhalb des Rahmens, sie lebten, was sie forderten, und ihr Leben machte ihnen die Forderung zur existentiellen Notwendigkeit. Doch die Gesellschaft und die männlichen Betroffenen in allen politischen Lagern entwickeln ungeahnte Kräfte, um dieses Sakrileg zu verhindern, um den Frevel schon in seinen verbalen Ansätzen zu ersticken.

Ist die Familie kaputt, braucht sie eine Kur, Rekonvaleszenz, mach Ferien von der Ehe, heißt es dann, oder lebt ein bißchen auf Probe zusammen, damit ihr seht, wie's geht. Die neueste Erfindung ist das institutionalisierte, kommerzialisierte Alleinleben. Früher fuhren die Söhne reicher Eltern auf Kavalierstour durch Europa, ehe sie sich in den Ernst des Lebens warfen, heute lebt der schicke junge Mann und auch schon die trendbewußte junge Frau erst mal (und zwischendurch) als Single, bevor er/sie sich in den Ernst des

Ehelebens stürzt. Alles ist Mittel zum Zweck Partnerschaft, alle Wege führen in die Familie. Niemand ist davor gefeit. Das beweisen die klammheimlichen Eheschließungen in der Frauenbewegung. Im Mantel der Tendenzwende läßt sich hübsch ein Nestchen bauen. Die Einsamkeit, vom Paarmenschen a priori negativ besetzt, dräut an allen Ecken und Enden, und jetzt, wo das politische Klima so rauh wird, wird's daheim erst richtig gemütlich. Beim warmen Ofen aus dem Fenster schauen – oder: Backe, backe Kuchen, der Yogi hat gerufen. Auch in Landkommunen wird «normal» geliebt, gerade da, so nah der Erde, fühlt man sich der Natur besonders verpflichtet.

Derselbe Faden ist es auch, der die revolutionäre Bewegung unweigerlich zurückzieht in die Nester der Reaktion, in die Kompromisse, die «Realpolitik», die Preisgabe der Utopie und damit den Verrat an sich selbst und ihren Idealen. Der Blick nach vorn stößt sich wund an Visionen von Atomkrieg, Drittem Weltkrieg, Polizeistaat, faschistischem Terror, 1984 – keine Generation zuvor hat angeblich in eine derart hoffnungslose Zukunft geblickt.

Der Frauenbewegung ist die konkrete Utopie immanent. Frauen praktizieren jetzt, heute, alternative Lebensformen, verändern ihre Beziehungen zueinander, entwickeln Stärke, sind in Bewegung. Es sind die Menschen, die ihre Geschichte machen, es liegt auch an uns, was aus uns wird. Es gibt keinen Rückzug für uns: während wir unsere Pflanzen begießen, sterben draußen die letzten Bäume an Pollution, indem wir uns «anständig» verhalten, programmieren wir uns selbst für die totale Anpassung. Wenn in 20 Jahren die einen verheiratet sind, die anderen Aufsichtsrätinnen in Konzernen für Spekulumerzeugung, die dritten im Knast, wurden heute die Gefahren nicht erkannt, verdrängt, verharmlost.

Die Cassandras aller Länder öffnen die Augen und eröff-
nen den Kampf. Frauen sind Sand im Getriebe. Sollte doch
noch eine menschliche Zukunft möglich sein, verdankt sie
sich den Frauen.

FREUDE DURCH KRAFT

Sie ist schön. Sie ist jung. Ihr Körper ist makellos, kräftig, gesund. Dichtes helles Haar umrahmt ihr ungeschminktes Gesicht. Sie ist ganz Körper, Bewegung, Kraft, Freude. Sie schnellt empor, hinan, aufwärts. Da ist nichts Verstörtes, Ausgestoßenes, Verletztes. Da ist alles glatt, harmonisch, dynamisch. Sie ist eine junge Frau der 80er Jahre, ihr Bild steht für den Monat Juni in einem Fotokalender frauenbewegter Fotografinnen.

Sie ist jung. Sie ist schön. Ihr blondes, dichtes Haar fliegt zurück. Sie wirft einen Speer, sie schleudert einen Diskus, sie springt hoch über den Stab hinaus. Aufwärts, hinan, ganz der Bewegung hingegeben. Da ist nichts Slawisches, Verjudetes, Minderwertiges. Da ist alles arisch, reinrassig, Herrenmensch. Sie ist Teilnehmerin der Olympiade 1936 in Berlin. Ihr Foto ist ein Ausschnitt aus Leni Riefenstahls Film *Olympia*.

Sie sind Schwestern. Schwestern in der Freude am eigenen Körper, Schwestern in der Leichtigkeit, im Sieg. Nein, die Fotografin, die das Juni-Bild des Frauen-Kalenders gemacht hat, ist keine Faschistin. Sie hat vielleicht nie *Olympia* gesehen, sie hat sich vielleicht noch nie mit faschistischer Ästhetik konfrontiert gesehen. Dasselbe gilt vermutlich für die vielen jungen Frauen, die dieses Foto schön finden, sich daran freuen, sich mit dieser starken, strahlenden Frau auf dem Bild identifizieren.

Sie sehnen sich nach Bildern. Nach anderen Bildern. Wovon sie täglich beleidigt werden, das sind die pornographisch posierenden Frauenkörper, die dummen, unterwürfigen geschminkten Gesichter der Modells, die anbiederischen Posen magersüchtiger, verkrüppelter Kunst-Frauen. Was sie ab und an in politischen Zeitschriften sehen, sind die müden, verkrümmten Körper ausgebeuteter Frauen am Fließband, an der Supermarkt-Kasse, in der Putzkolonne. Das angepaßte Tabletten-Lächeln in den dauerwellenumrahmten Gesichtern der Politikerinnen und Politiker-Gattinnen.

Es gibt eine Sehnsucht nach Sieg. Nach Gesundheit. Nach strahlenden Gewinnerinnen, denen frau die Anstrengungen nicht ansieht. Nach Vor-Bildern, die signalisieren: es ist zu schaffen. Wir sind jung, stark, schön. Wir platzen vor Power. Nach Frauen, die all das ausstrahlen, was der eigene Alltag nicht einlöst.

Diese Frauen müssen nicht blond und arisch sein. Da gibt es auch Grace Jones Superwoman. Sie ist schwarz, glänzend, athletisch, Harmonie von Muskeln und Bewegung, glatt bis in den ausrasierten Nacken, ganz physische Präsenz. Sie besiegt das Inferno, sie triumphiert über die Elemente, sie schnellt durch die Luft, allein kraft ihres Körpers, ihrer durchtrainierten Muskeln, der zielgenauen Dynamik ihrer Bewegungen. Sie ist die schwarz-schillernde Schwester der hellstrahlenden arischen Sportlerin. «Reinrassigkeit» muß – heute – nicht arisch sein. Sie beweist sich durch Kraft, Harmonie, Sieg.

Haben Frauen keinen Anspruch auf solche Bilder, solche Identifikationen? Soll es den Frauen in diesem Land, weil es einmal «Kraft durch Freude» gab, verboten sein, Freude an der Kraft, der eigenen Kraft zu haben? Spaß am Sieg?

Ein anderes Bild: Italienische Partisaninnen ziehen in die eben befreite Stadt Carrara ein. Sie haben gesiegt, nicht speziell als Frauen, aber über den Faschismus, über die deutschen Besatzer. Sie freuen sich wohl, haben ja auch Grund zur Freude. Aber sie wirken erschöpft, müde, unausgeschlafen. Fast gleichgültig kommen sie daher in ihren zerknautschten Regenmänteln, die Maschinenpistolen nachlässig in der Hand, doch in einer fast unmerklichen Spannung in ihrer Haltung, ihrem Gang wird deutlich, sie sind noch gar nicht sicher, ob sie die Waffen nun wirklich nicht mehr brauchen werden. Sie sind keine strahlenden Siegerinnen.

Die Anstrengungen des vorhergegangenen Kampfes sind ihnen – ihren Gesichtern und ihren Körpern – anzusehen, die durchwachten Nächte, die Gewaltmärsche, die Gefechte. Noch ein anderes Bild: Hedwig Dohm, die Einzelkämpferin, die radikale Feministin aus dem 19. Jahrhundert. Die Denkerin. Ihr Gesicht, fast nur Augen. Große, dunkle, grüblerische Augen. Augen, die von Zweifeln wissen, von den Mühen des beständigen Rebellierens, von den Niederlagen. Das Gesicht einer Frau, die anschrieb gegen die übermächtige Präpotenz der herrschenden Meinung; die die Würde ihres Geschlechts verteidigte gegen die unwürdige Sklaverei, in der es gehalten wurde; die nicht aufhörte, für die Rechte der Frauen zu kämpfen, als Frauen von Rechts wegen den Mund zu halten hatten.

Das Gesicht einer Frau. Ihr Körper ist auf den alten Fotos auch zu sehen, es ist ein zarter, von Kleidern verhüllter Körper, diese Hedwig Dohm ist kein Sportsmädel, keine Herrenreiterin, und für die Freikörperkultur war sie allein schon zu früh geboren. Wer ihre Schriften kennt, weiß, daß sie diesen Körper, ihren Frauenkörper nicht verleugnet hat, sie hat sich auch nicht für ihn geschämt, wollte auch ihm aus dem Korsett und zu seinem Recht verhelfen. Doch sie ahnte wohl, daß die Reduktion der Frauen auf ihre «schwachen Leiber» nicht allein durch Muskelkraft behoben werden kann.

Auch Hedwig Dohm ist keine Siegerin. Ihr Bild ist das einer Rebellin – auch gegen die ständigen Niederlagen. Es gibt keine Bilder weiblichen Sieges. Es gibt Propaganda-Bilder und Allegorien. Aber es gibt keine Dokumente realer historischer Erfahrung, die wir uns an die Wand pinnen könnten. Frauen haben in ihrem langen Kampf Teilsiege errungen, doch selbst die mußten sie ständig verteidigen, oft genug wurden auch die gewonnenen Schlachten nachträglich wieder in Niederlagen verwandelt. Frauen haben den politisch/gesellschaftlichen Kampf noch nicht gewonnen – weder als Geschlecht noch für die eigene Sache.

Manchmal waren Frauen Teil eines Volks- oder Klassensieges, und, auch wenn sie dabei auf Fotos gebannt wurden, haben sie kaum Ähnlichkeit mit den strahlenden Allegorien auf den Propaganda-Plakaten. Und auf den Sieg im Volkskrieg folgte ihre Niederlage als Geschlecht. Auch diese Bilder kennen wir.

Olympe de Gouges auf dem Schafott, verschleierte algerische und iranische Frauen. Wir haben noch nicht gesiegt. Feminismus heißt Kampf, Niederlage, Kampf. Feminismus heißt auch Spaß an der eigenen Power, Stolz, eine Frau zu sein, Freude an der eigenen Stärke, Glück über Liebe und Solidarität mit anderen Frauen. Doch diese hier und heute umgesetzte Utopie unter den Unterdrückten ist eben die Utopie der Unterdrückten. Sie stärkt uns im Widerstand, hebt jedoch die reale Unterdrückung nicht auf. Das Patriarchat wird nicht allein durch gutes Feeling überwunden. Männer hören nicht auf zu vergewaltigen, weil ein paar Frauen mehr als früher «gut drauf» sind.

Frausein heißt noch nicht Feministin sein. Feminismus ist Politik. Wer Feministin ist, trifft eine Entscheidung, und diese Entscheidung ist bei all ihren schönen Aspekten sehr unbequem. Sie öffnet die Augen für die allgegenwärtige Ausbeutung und Erniedrigungen, denen Frauen als Geschlecht ausgesetzt sind, und dieser Anblick ist nicht besonders schön. Sie ist ein Stachel im Fleisch, das nicht mehr hinzunehmen, und das bedeutet ständige Revolte, das macht Kompromisse schal und unbefriedigend. Diese Entscheidung bedeutet, politisch zu denken und zu handeln, und das heißt auch, über die eigene höchstpersönliche Betroffenheit hinauszugehen. Sich nicht in schöne Bilder flüchten und in heimelige Höhlen verkriechen vor den Härten der Realität.

Dagegen steht das Bedürfnis nach Harmonie, in einer Welt, die Harmonie nur als Sehnsucht zuläßt. Alles ist kompliziert, zersplittert, vielschichtig. Das Bedürfnis nach Einheit, Gemeinschaft, harmonischer Übereinstimmung bleibt. Wo dieser Zustand im realen Leben kaum noch herzustellen ist, wird er beschworen: in der Einigkeit der Frauen, in der Gemeinschaft mit der Göttin, im Einssein mit der Natur. So flieht ein Teil der Frauenbewegung in die mystische Geborgenheit einer imaginierten «Familie», die sich über Rituale, Trancen, Tänze, Geheimregeln ihrer Verbundenheit vergewissert.

Viele junge Frauen sehen darin keine Lösung. Waberndes Weben ist ihnen fremd, sie sehen sich nicht als Matriarchinnen, sondern als Amazonen. Sie wollen nicht auf die Güte der Mutter-Göttin vertrauen, sie wollen siegen. Sie wollen die Elemente nicht beschwören, sondern in ihnen toben, stark wie Grace Jones, strahlend wie die junge Speerwerferin und Schwimmerin. Sie wollen mit ihren Körpern nicht Leben nähren, sondern das Leben in ihren Körpern spüren.

Doch es gibt keine Bilder der wirklichen Amazonen. Selbst die Darstellungen der griechischen Antike, die wir kennen, wurden später, nach der Niederlage der Amazonen, von den Siegern angefertigt. Die Erinnerung an die realen Frauen, die einst mit Männern gekämpft hatten, fließt ein als Zugeständnis. Auch Grace Jones, auch die heutigen starken Frauen der Werbung, sind ein Zugeständnis. An die Schlachten, die Frauen in den letzten zehn, fünfzehn Jahren gewonnen haben. An das neue Selbstbewußtsein und die neuen Bedürfnisse von Frauen.

Und selbst die frischwärtsstrahlenden BDM-Mädchen und die Sportsheldinnen der Leni Riefenstahl sind vermutlich Zugeständnisse: an das Wissen, daß nicht alle «deutschen» Frauen für eine Rolle als Mutterkuh zu begeistern waren. Im Bund Deutscher Mädel wurden die jungen Frauen nicht nur darauf getrimmt, die arische Rasse zu vermehren, sie konnten auch auf Fahrt gehen, Abenteuer im Zeltlager bestehen, Sport treiben.

Da waren die Heldinnen der Geschichte und Mythologie, wie Krimhild, mit denen frau sich identifizieren konnte. Da waren Harmonie, Gemeinschaft und Siege: Siege im sportlichen Wettkampf und Siege des deutschen Herrenvolkes über die «minderwertigen» Völker und Rassen.

Gemeinschaft und Sieg, die auf Ausgrenzung beruhten. Ausgegrenzt waren die «minderwertigen», «jüdischen», «slawischen», «zigeunerischen» Frauen, die «Volkszersetzerinnen», «Rassenschänderinnen», «Bolschewistinnen», «Asozialen», «Perversen».

Auch von ihnen gibt es Bilder: Bilder im *Stürmer* mit der

Unterschrift *«So nicht!»;* Bilder als Skelette auf den Leichenbergen von Auschwitz; Bilder als nackte, kahlgeschorene
Hungerleiber an der Rampe; Bilder als gekrümmte, ausge-
mergelte Zwangsarbeiterinnen am Siemens-Fließband. Bilder, denen die meisten von uns sich nicht aussetzen, weil sie
sich ihnen auch nicht aussetzen müssen. Weil die Frau auf
dem Bild nicht ihre eigene Mutter, Tante, Großmutter sein
könnte. Vier Prozent aller bundesdeutschen Fernsehzu-
schauer haben Claude Lanzmanns Film «Shoa» gesehen. Der
Anteil der Frauen, die sich heute als «Feministinnen» bezeichnen, dürfte etwas höher liegen. Der Anteil derer, die
sich «Linke» nennen, hoffentlich auch.

«Ich habe den ganzen Tag über so viel Streß», sagte mir
eine durchaus feministische Kollegin, «daß ich mir das nicht
auch noch am Abend antun kann». Sie hat ja recht. Frauen in
diesem Land, berufstätige, doppeltbelastete Frauen allemal,
haben genug Sorgen und Probleme. Um die sich ja sonst
auch keiner kümmert. Aber was ist mit denen, die den ganzen Tag den Streß haben, daß ihre halbe Familie in Auschwitz ermordet wurde? Was ist mit den Jüdinnen unter uns, in
der Frauenbewegung? Gibt es sie? Gibt es Sinta oder Roma-
Frauen unter den Feministinnen? Und wenn ja, wie fühlen
sie sich unter all den Töchtern der Mörder(innen), Mitläu-
fer(innen), Weggucker(innen)? Wir haben uns das nie gefragt, zumindest nicht explizit, über diese Frage haben wir
uns nicht nächtelang die Köpfe heiß geredet in den Frauenzentren.

Wir haben uns auseinandergesetzt über die Beziehungen
zwischen Arbeitertöchtern und Kleinbürgertöchtern, zwischen Müttern und Nichtmüttern, zwischen heterosexuellen
und lesbischen Frauen. Und irgendwann haben wir «die
Türkinnen» entdeckt. Nicht als Teil unserer Bewegung, son-

65

dern als Objekt unserer Frauensolidarität. Die Jüdinnen haben uns nicht einmal soweit beschäftigt, zumindest die meisten von uns nicht.

Wir – das hieß fast immer unausgesprochen die Frauen, die einmal als «arisch» bezeichnet wurden. Das hieß eben nicht: die Jüdinnen, «Zigeunerinnen», Arbeitsimigrantinnen. Die Ausgrenzung der «anderen» funktionierte auch bei denen, die es ablehnten, selbst als die «anderen» ausgegrenzt zu werden. Frauen, selbst ausgeschlossen aus den Herrschaftszusammenhängen, schlossen, nicht aus Absicht oder bösem Willen, sondern quasi «naturwüchsig» die «anderen» Frauen aus.

Und es funktioniert noch heute: Gerade in den letzten Jahren erscheinen immer wieder Bücher über die Situation der Frauen in den Kriegs- und Nachkriegsjahren. *Wie wir es geschafft haben* und *Unsere verlorenen Jahre* heißen sie, und sie handeln vom Schicksal «der deutschen Frauen»: Der deutschen Frauen, die überhaupt nur überlebt haben, weil sie als «arisch» eingestuft worden waren. Die «anderen», die aus den Konzentrationslagern, Gefängnissen und Fabrikhallen der Zwangsarbeit entlassen, durch die Trümmer stolperten, die die einen schon wieder aufräumten, die kommen (mit wenigen Ausnahmen) nicht vor.

Die Bilder, die in letzter Zeit aus den Archiven wieder ins Scheinwerferlicht gerückt wurden, zeigen «Trümmerfrauen»: sympathische, zupackende junge Frauen, «Frauen im Männerberuf», denen frau sich verwandt fühlen kann – und denen sie häufig auch real verwandt ist, als Tochter, Enkelin.

Bilder von Frauen, die aus dem Lager zu ihrer Familie zurückgekehrt sind und vom eigenen Mann nicht mehr erkannt wurden, sehen wir nicht. Wir sehen Frauen in überfüllten Zügen auf Hamsterfahrt, aber wir haben keine Abbilder von denen, die auch in überfüllten Zügen saßen, aber nicht wußten wohin: Weil alle Angehörigen in der Gaskammer gestorben sind. Viele von uns geben sich damit zufrieden. Bitte keine Elendsbilder, bitte keine Aufnahmen von Leichenbergen! Und weg mit den Fotos der aufgemotzten pornographischen Objektfrauen. Weg mit den schwülstigen Madonnen und treusorgenden Müttern! Her mit den strahlenden Siegerinnen! Her mit den starken, selbstgewissen Sportlerinnen, her mit der powerigen Muskelkatze Grace Jones! Her mit diesen androgynen Amazonen, die die Niederungen der Weiblichkeit und die Erniedrigungen der Opfer abgeschüttelt haben wie die Schwimmerin die Wassertropfen!

Und wenn es keine Bilder gibt von strahlenden Frauen, die im politischen Kampf gewonnen haben, gibt es doch Bilder von Frauen, die im sportlichen Wettkampf gesiegt haben. Und wenn die paar Siegerinnen, von denen wir Fotos haben, wie Kämpferinnen aussehen, denen die Mühen und Verletzungen des Kampfes noch anzusehen sind, gibt es doch die Zelluloid-Heldinnen. Wenn es nichts historisch Verbürgtes gibt, dann her mit den Schablonen!

Die Speerwerferin auf Hitlers Olympiade und die Grace Jones des Show-Geschäfts sind Schablonen des Sieges. Sie haben ihn über nichts errungen. Sie haben nicht gesiegt, sie sind Sieg. Der Triumph der naturhaften Körperlichkeit über die Verletzungen und Anstrengungen des realen Kampfes, den sie nie ausgefochten haben.

Ihre amazonenhafte Androgynie ist nicht die dialektische Aufhebung der weiblichen und männlichen Anteile des Menschen in eine neue – menschliche – Qualität. Ihre «Weiblichkeit» ist nicht in Frage gestellt, sondern nur transponiert: aus der Sphäre der Passivität und Künstlichkeit in die der reinen Naturhaftigkeit.

Diese Körper sind nicht mehr weich, fleischig, gebärbereit, sondern hart, muskulös, aktiv. Aber sie sind immer noch Körper, nichts als Körper.

Was die Frauen auf diesen Bildern denken, wie sie leben, ist gleichgültig. Was zählt, ist die gesunde, kräftige, siegreiche Ausstrahlung ihrer rein physischen Präsenz. Was zählt ist die Reduktion. Und die damit vermittelte Lüge: Wir haben gesiegt. Es hat uns keine Anstrengung gekostet. Wir sind dabei glatt, unversehrt und jung geblieben.

Die Harmonie dieses Scheinsieges ist der Theaterdonner der Dazugehörigen, der «Reinrassigen». Die Faszination seiner Schönheit lebt vom Abscheu vor den «anderen», den Ausgegrenzten. Die «schönen» Bilder, die Bilder, die frau gerade zu brauchen glaubt, aus dem mörderischen Gesamtzusammenhang reißen, heißt nicht nur, den Zusammenhang verleugnen, es heißt vor allem, ihn fortzusetzen.

DIE GEBURT DER KUNST AUS DEM WIDERSTAND

«Typisch weiblich», was ist das? Ist das, auch noch 1983, nach zwölf Jahren Frauenbewegung, nur faßbar in den Termini der Unterdrücktheit, Unterordnung, Ausgebeutetheit? Der Defizite, Wundmale?

Teile der Frauenbewegung haben inzwischen gelernt, aus der lange beschriebenen und beklagten Not eine Tugend zu machen. Die Verkrüppelungen des Sklavinnendaseins, die Beschneidungen des kolonisierten Geschlechts mystifizierten sie zu apriorischer Qualität: «Es ist so gut, ein Weib zu sein», lautete der pseudofeministische Gassenhauer Mitte der siebziger Jahre. Die, die ihn nicht mitsangen, wurden der männlichen Identifikation, der Kopflastigkeit, Bauchfeindlichkeit beschuldigt.

Die biologische Prädisposition der Frau, noch immer besetzt und mißbraucht von patriarchalischem Herrschaftsinteresse, wurde nun, noch ehe sie von ihrer Instrumentalisierung und Ideologisierung befreit war, zum positiven Schicksal gewendet, in ihrer verzerrten Form als «natürlich» angenommen.

Schwangerschaft und Menstruation wurden glorifiziert zu Quellen weiblicher «power» und Glückserfüllung. «Typisch weiblich», das waren nun angeblich wieder die harmonischen Formen, die «natürlichen» Materialien, die zerfließenden Farben, die eindeutigen Inhalte: schwangere Bäuche, schwellende Brüste, Frau vor Meer, auf Sand, in Baum, unter Scholle, etc.

Zum Mißverständnis von der «natürlichen» Frau gesellte sich notwendig auch das von der Creatorix (der Schöpferin) aus sich selbst: Der im Stande der Menstruation gestrickte Pullover wurde zum Kunstwerk erklärt. (Nicht etwa polemisch, was diskutabel wäre, sondern selbstzufrieden.) «Männliche» Formen, geometrische, lineare, Ecken, Zacken, aggressive Farbgebung und «unnatürliches» Material wurden nun – apage satanas! – vehement abgelehnt.

Dieser Irrweg weiblicher Selbst-«Findung» sei hier so ausführlich dargelegt, weil ihn viele, auch künstlerisch arbeitende, Frauen in mehr oder weniger abgeschwächter Form, mehr oder weniger lange einschlugen/schlagen. Er entstand – auch – als Reaktion auf die unbefriedigenden Defizit-Theorien, die Weiblichkeit nur als Mangel, als Anhäufung von Defiziten begreifen woll(t)en. Jedoch: Biologismen jeglicher Art (auch wenn sie innerhalb der Frauenbewegung entstehen) und Feminismus schließen sich notwendig aus.

Kunst findet in Gesellschaft statt. Diese Banalität kann nicht oft genug wiederholt werden, vor allem, wenn es um die Rezeption der Kunst geht, die von Frauen gemacht wird, also von Angehörigen des objektiv in dieser Gesellschaft immer noch ausgebeuteten, verachteten, mißhandelten Geschlechts.

Die Warnung vor Larmoyanz darf darum die feministische Kunstkritikerin nicht dazu verführen, in Zukunft die gesellschaftlichen Entstehungsbedingungen weiblicher Kunst zu verschweigen. Gegenwärtig allerdings, da die ökonomischsozialen Aspekte weiblicher Unterdrückung und Verhinderung weitgehend beschrieben und analysiert sind, gilt es, die psychologisch-sexuellen Aspekte ebenso präzise zu fassen.

Vorweg: Unter weiblicher Kunst verstehe ich hier Kunst, die von Frauen gemacht wird, ohne «weibliche» Qualitäten zu unterstellen. Ich kann, auch in der «müßigen» Betrachtung von Kunst, gewisse Daten nicht aus meinem Hirn löschen. Etwa die Tatsache, daß in dieser Bundesrepublik alle 15 Minuten eine Frau vergewaltigt wird. Betrachte ich nun etwa die späten Picasso-Zeichnungen (Bilder isolierter fetischisierter weiblicher Geschlechtsteile aus der possessiven Perspektive des Benutzers), aktualisiert sich dieses Wissen unwillkürlich in meinem Datenspeicher.

Gisela Breitling beschreibt in ihrem Buch *Die Spuren des Schiffs in den Wellen* eine klassische Verhinderungssituation: Die Künstlerin geht interessiert auf eine Baustelle zu, sie will sich die technischen Zusammenhänge der Röhrenkonstruktion erklären lassen. Die Arbeiter nutzen die Gelegenheit, sie durch die Verwendung ausschließlich obszöner, auf den Geschlechtsakt bezogener Vokabeln zu beleidigen und in die Flucht zu schlagen. Die Künstlerin hat gelernt: nicht, wie die Konstruktion von Abflußsystemen bewerkstelligt wird, sondern, daß es für sie entmutigend ist, dies wissen zu wollen.

Ich selbst identifizierte mich nach Lektüre der Surrealisten, selbst noch nach Walter Benjamins melancholisch-kritischem Nachruf auf diese Figur, mit dem Flaneur. Der einsame Spaziergänger, der lustvolle Rezipient, der im verlangsamten Gegenrhythmus zur allgemeinen Geschäftigkeit dem Luxus des Auf-Nehmens, der spontanen Rezeption anhängt. Der Auge, Nase, Ohr, all seine Sinne dem Angebot der vielfältigen Eindrücke öffnet, den Silhouetten der Passageurs auf dem Boulevard, dem Glanz der Waren im Halbdunkel der Passage[...]. Welche Schule für Künstler, dachte ich, doch da wurde mir schon schmerzlich bewußt, daß weder mir, noch irgendeiner Künstlerin dieser Genuß, diese Schule der Sinnlichkeit, der erotischen Rezeption zuteil werden kann.

Die Frau kann nicht ungebrochen Flaneur sein, weil sie nicht nur als flanierendes Subjekt, sondern stets auch als ausgestellte/sich ausstellende Ware rezipiert wird – und, sich dieser Rezeption bewußt, sich ständig (bewußt oder unbewußt) in Abwehrhaltung befindet. Alarmzustand und Flanieren schließen sich aber gegenseitig aus.

Es genügt mir nicht, diesen Traum als anachronistisch zu disqualifizieren und mich so mit der Bemerkung zu trösten, es gäbe ohnehin keine Passagen im Aragon/Benjaminschen Sinne mehr, und die in bundesrepublikanischen Schaufenstern dargebotene Ware reize nicht zum müßigen Verweilen und Betrachten. Das Bild des Flaneurs ist nicht an die historische Zeit der Passagen gebunden. Es ist metahistorisch, denn es signifiziert das von Angst freie Subjekt, das sich, unbekümmert um äußere oder innere Zwänge, selbstvergessen dem sinnlichen Genuß von Raum und Zeit hingibt.

Dieser Genuß ist Frauen in der Realität heute so verwehrt wie zu Nadjas Zeiten, und wenn sie ihn sich nehmen (nahmen), so tun sie das in der Haltung der Eroberin und nicht in der des Müßiggängers. Das ist der qualitative Unterschied. Wir können uns die verbotenen Früchte nehmen (notfalls mit List oder Gewalt), aber noch müssen wir sie uns hastig einverleiben, ehe wir sie richtig betrachtet, berochen, befühlt haben.

Während die larmoyante Beschreibung der angeblich hoffnungslosen Situation diese lediglich fortschreibt, löst die kritische Analyse ihrer Bedingungen die scheinbare Aporie. Vor und immer wieder mit der feministischen Kunsttheorie/Kritik muß die präzise Analyse der Entstehungsbedingungen weiblicher Kunst stattfinden: Nicht um die Produkte – Kunst von Frauen – zu determinieren, zu begrenzen, sondern im Gegenteil, um ihre weitere Entgrenzung zu ermöglichen.

Erst die Erkenntnis der gegebenen Grenzen macht sie überprüfbar und damit überschreitbar. Erst die exakte und (selbst-)mitleidlose Erforschung der vorhandenen Schwächen präzisiert die Möglichkeiten der zu entwickelnden Stärken. Selbstverständlich muß derselbe Prozeß auch umgekehrt stattfinden. Erst die Analyse der vorhandenen Stärken zeigt die Wege eines befreienden Umgangs mit der unfreien Situation.

Doch, und das unterscheidet die kritische Analyse von der euphoristischen Selbstheroisierung: es führt in Sackgassen, Schwäche als Stärke auszugeben, ohne sich der Ambivalenz jeder Qualität als Stärke/Schwäche bewußt zu sein und ohne jede spezifische Qualität auf ihre Brauchbarkeit/Gefährlichkeit hin zu prüfen.

Hier könnten Kunsthistorie und kritische (Selbst-)Analyse zusammenspielen: Die Geschichte liefert uns, selbst noch auf der Folie des Vergessens und Verschweigens weiblicher Kunstleistung, eine Reihe ansehnlicher Vor-Bilder. Imagines starker, selbst/bewußter Frauen, die unter den schlechtesten Bedingungen das scheinbar Unmögliche leisteten: Artemisia Gentileschi, Angelika Kaufmann, selbst noch Frida Kahlo. Viele weitere Namen sind inzwischen – dank der Forschungsarbeit engagierter Frauen – bekannt.

Die rückwärtsgewandte Prophetin erkennt in den Figuren der Historie Vor/Bilder von Stärke und kreativer Potenz – und gleichzeitig die nicht eingelösten Desiderate von Freiheit und weiterer Grenzüberschreitung. Indem sie diese

Sehnsüchte und uneingelösten Hoffnungen als die auch der heutigen Frauen (und somit auch die ihren) wiedererkennt, führt sie den Strang unterirdischer weiblicher Subversion fort und erlangt gleichzeitig ein Kriterium für die Beurteilung zeitgenössischer Kunstwerke weiblicher Produzenten. Verschränkt sie diese historisch-utopische Methode mit der kritischen Analyse, so bewahrt sie diese vor dem möglichen Abfall in Hoffnungslosigkeit, Defaitismus oder Resignation. Hierin sehe ich eine Vorbedingung feministischer Kunstkritik gegeben.

Ulrike Prokop verweist in ihrer Theorie des weiblichen Lebenszusammenhangs darauf, daß die als «weiblich» geltenden Eigenschaften nicht unbedingt als ausschließlich negativ denunzierbar sind. Sie ent/deckt die utopischen Qualitäten in den «cultural lags»: *Im weiblichen Lebenszusammenhang entwickeln sich Formen der Subjektivität, die Elemente bedürfnisbezogenen Handelns enthalten.*» Der Ausschluß der Frauen aus den Zusammenhängen von Leistungszwang und Konkurrenz macht sie auch zu Bewahrerinnen eines anderen, menschlicheren Rhythmus, einer anderen, menschlicheren Priorisierung von Qualitäten.

Dieses Wissen um die Ambivalenz von aktueller Destruktivität einerseits und utopischer Konstruktivität andererseits einiger vor allem Frauen eigener Qualitäten bezeichnet auch die Komplikationen einer feministischen Kunstkritik.

Als feministische Kritikerin werde ich nicht das Material an sich bewerten, sondern den Umgang der Künstlerin mit dem Material. Die Verwendung «typisch weiblicher» Materialien wie Textilien, Spiegel, Pelze, Nahrungsmittel, Pflanzen, etc. allein muß noch lange keine Regression auf «typisch Weibliches» bedeuten.

74

Künstlerinnen zerschlagen Spiegel, sammeln Weiblich-keits-Utensilien, zerreißen Zusammengenähtes, schießen auf Madonnen. Sie nehmen die altvertrauten Ingredienzien angeblicher Weiblichkeit zur Hand, betrachten sie, drehen und wenden sie und beschließen dann, ob sie sie verwerten und/oder fallen lassen, zerbrechen und/oder neu montieren, vergessen und/oder ihre vergessenen Bedeutungen erinnern wollen. An der feministischen Kritikerin ist es nun, diesem Prozeß kritisch/analytisch zu korrespondieren.

Kritik, auch feministische, kann nicht heißen, den künstlerischen Prozeß und sein Ergebnis von außen zu kommentieren, mit Worten zu begleiten, gar zu «erklären». Walter Benjamin postulierte, daß jedem wahren Kunstwerk seine Kritik immanent sei, am Kritiker sei es, sie zu heben. In Erweiterung der Benjaminschen These könnte man sagen: Jedem wahren Kunstwerk ist sein politisches/emanzipatorisches Moment immanent. Dieses im Diskurs mit dem Kunstwerk und der Künstlerin zu heben, wäre die Aufgabe feministischer Kritik. Dieses spezifisch utopische, feministische Moment im Kunstwerk muß der Künstlerin selbst als solches nicht bewußt sein.

Eine Artemisia schuf ihre bedeutenden selbstsicheren, würdevollen Frauengestalten fern jeder Frauenbewegung. Frida Kahlo thematisierte die Dialektik von (physischer) Verzweiflung und Widerstand in Unkenntnis moderner feministischer Theorien. Und wenn es mich befreit, daß eine Hanne Darboven in ihrer Installation «Schreibzeit» das Vorurteil vom Weibchen, das nur eben zur guten Sammlerin tauge (ein beliebtes «Argument» von Hochschulprofessoren), durch exzessives Sammeln heroisch widerlegt, was soll es mich dann hindern, wenn die Künstlerin selbst sich nicht als Feministin bezeichnet/bezeichnen lassen will?

Es geht nicht darum, alle diese Künstlerinnen als Feministinnen zu «entlarven». Aber wir sind als Frauen auch existentiell darauf angewiesen, das innovatorisch-revolutionäre an ihren Kunstwerken als das feministisch-utopische zu erkennen. Das gilt für den Umgang mit Form und Material ebenso wie für die Inhalte.

Der radikalste Schritt im Experimentieren weiblicher Künstler mit «typisch weiblichem» Material war/ist wohl die Mitte der 60er Jahre einsetzende Auseinandersetzung mit dem eigenen Körper. Ein Geschlecht, das in jedem Schritt, jedem Atemzug, jedem Gedanken auf seine Grenzen verwiesen wird, muß an die Ränder dieser Grenzen gehen, ihre Dehnbarkeit erproben, ihre Zerreißbarkeit.

Valie Export hangelte an einem Reck über einem Haufen Scherben, bis ihre Arme sie nicht mehr halten konnten. Im letzten Moment sprang sie ab – und verletzte sich nicht (mehr). Sie hatte den letzten Moment erkannt. Die Wiedereroberung des eigenen Körpers ist offenbar vorerst nur nach seiner Erschöpfung möglich. Die vom Manne abgesteckten Claims müssen mit anhaltender Gewalt abgewälzt, die eingebrannten Besitzmarken des Mannes herausgerissen werden. Erobertes Gebiet wird nie freiwillig geräumt und selbst, wenn der Befreiungskrieg gewonnen ist, stehen die Befreiten vor den gewaltsamen Spuren der Exploitation und Zerstörung, die die Eroberer zurückließen.

Feministische Kunstkritik bedeutet auch, die Narben zu thematisieren. Die Deklaration des Frauenkörpers zur ersten Natur, die Frauen nur zu erkennen hätten, ist gefährlich: Sie harmonisiert die grausamen Widersprüche, sie ignoriert, daß die selbstbewußte Frau, die sich ihrer Körperlichkeit unter positiven, feministischen Vorzeichen bewußt wird, nun nicht auf einen «reinen» unversehrten, sondern auf einen mißhandelten, beleidigten Körper blickt – der jedoch nicht nur die Wundmale des Aggressors trägt, sondern auch die des geleisteten Widerstands.

Auch hier ist die Grenze zwischen Kritik und Larmoyanz fließend. Die feministische Kunstkritik muß sich – auch – fragen: Handelt es sich hier wirklich um eine Befreiungsaktion, die die Künstlerin wagt, indem sie ihren Körper verletzt, – oder handelt es sich etwa um Masochismus? Kann der Voyeurismus des männlichen Publikums die Exhibition der sich verletzenden Frau, die befreiend intendierte Aktion, in eine affirmativ-masochistische pervertieren? (Ich stelle mir diese Fragen vor allem bei einigen Aktionen von Marina Abramovic, die in mir häufig das Bedürfnis auslösten, zu unterbrechen, die Selbstverstümmelung zu unterbinden.) Relativ unabhängig von möglicher Pervertierung durch den männlichen Rezipienten scheinen die Aktionen/Arbeiten zu sein, in denen Künstlerinnen ihre Menstruation thematisieren – sofern man Luce Irigaray zustimmt, die (in Zusammenhang mit der pornographischen Inszenierung) sagt: *«Zum Beispiel liebt der Libertin das Blut. Jedenfalls dasjenige, das gemäß seinen Techniken fließt. Denn wie auch immer es um seine Libertinage, seine Überschreitung aller (?) Verbote bestellt sein mag – das Menstruationsblut bleibt für ihn tabu. Die Exkremente, ja – gewiß, aber das Blut der Regel, nein.»* Doch selbst hier ist Wachsamkeit geboten. Zwölf Jahre nachdem Gina Pane – als revolutionäre Pionierleistung – ihre Monatsbinden ausstellte, genügt es nicht mehr, Tampons in Galerien aufzuhängen. Und die umgekehrte Verherrlichung des «Naturzustandes», in dem sich das Weib durch das monatliche Bluten im Mondrhythmus befinde, ignoriert zynisch die Krämpfe im physischen wie psychischen Sinne, die Frauen jeden Monat quälen. Die feministische Kunstkritikerin steht auch hier vor der Herausforderung, im öffentlichen Diskurs mit den vorgestellten Arbeiten und ihren Produzentinnen herauszufinden, welche von ihnen das befreiende Moment in sich bergen und warum.

Feministische Kunstkritik wird auch (gegen die Reine-Weiblichkeits-Dogmen von Patriarchen wie von Anhängerinnen der Neuen Weiblichkeit) die androgyne Struktur einer befreienden Kunst in den Arbeiten der Frauen auf/suchen. Gleichzeitig aber muß sie sich gegen die stellen, die (meist männliche Sympathisanten der Frauenbefreiung) mit der Versöhnung des männlichen und weiblichen in der Kunst auch die der Frauen und Männer in der Gesellschaft hier und jetzt einfordern. Sie ignorieren die entscheidende Tatsache, daß dieser Prozeß systematisch von der patriarchalischen Gesellschaft wie von (fast?) jedem einzelnen Mann verhindert wird.

Um auf der Kunst-Ebene zu bleiben: Es wäre heute jedem «besseren» Künstler unmöglich, Neger oder Juden entwürdigend, auf ihre angebliche «Typik» karikiert, darzustellen (Juden etwa mit langer Nase, Geld zählend). In der Darstellung von Frauen ist noch immer die reduzierte Darstellung ihrer Funktion als Geschlechtswesen Norm. Heute übrigens wieder mehr als noch vor einigen Jahren. Die (nicht zufällige) Renaissance des Realismus bringt mit sich die Wiederauflage verkrüppelter Arsch- und Titten-Weiber, geduckter Sklavinnen, warengeschmückter Prestigeobjekte, etc.

Die Befürworter des Androgynitätsideals vergessen einen wesentlichen Schritt in der von ihnen geforderten Entwicklung: Daß nämlich die Versöhnung der weiblichen und männlichen Anteile im weiblichen Menschen sich nur gegen den erbitterten Widerstand des alleinherrschenden männlichen Geschlechts realisieren kann.

Und so kann die feministische Kritik auch nicht einfach die Forderung nach einer positiven androgynen Utopie postulieren. Positive Zukunftsbilder, die von den erlittenen Verletzungen abstrahieren, die die Geschichte der Kolonisierung und Entwürdigung der Frauen ignorieren, müssen notwendig zu Klischees, zu harmonisierendem Kitsch geraten. Die Utopie der Frauen hebt den Opferstatus dialektisch auf und vergißt nicht, daß sie selbst aus Widerstand geboren wird.

EISBLUMEN

ÜBERLEGUNGEN ZU EINIGEN GRUNDBEDINGUNGEN
WEIBLICHER PRODUKTION

Es ist Halbzeit, Zeit, Zwischenbilanz zu ziehen. 100 Jahre wollte Virginia Woolf ihren schreibenden Schwestern geben, um die Erfahrung, die Sicherheit und das Selbstverständnis zu gewinnen, die nötig sind, um einen guten Roman zu schreiben. Fünfzig von diesen hundert Jahren sind seither vergangen – was haben wir erreicht? Betrachten wir die materiellen Grundbedingungen, die Virginia Woolf einklagte, so kann die Antwort nur sein: viel! Unter günstigen Bedingungen hat eine junge Schriftstellerin heute sowohl ein eigenes Einkommen als auch ein Zimmer für sich allein. Zwar hat sich Virginia Woolfs finanzielle Idealvorstellung nicht erfüllt – die moderne Schriftstellerin muß sich ihr Brot selbst verdienen, die Zeiten des Rentiers sind vorbei (ehe die der Rentiere ja angebrochen wären). Doch saß schon Kafka tagsüber in seiner Versicherungsanstalt, und auch Virginia Woolf teilte sich die Zeit des Schreibens mit den Anforderungen ihrer Druckerei und dem Termindruck der Zeitungen, für die sie arbeitete.

Nehmen wir also an, ihre jüngere Schwester säße nicht eben im Großraumbüro oder am Fließband, sondern arbeite in einem Beruf, der ihr Zeit und Kraft zum Schreiben läßt. Nehmen wir weiter an, sie sei nicht verheiratet – oder, wenn doch, dann mit einem Mann, der sie in ihren Ambitionen nicht behindert und sich auch nicht zu schade ist, den Haushalt mit ihr zu teilen. Wir wollen auch voraussetzen, daß sie keine Kinder hat, und wenn doch, diese von anderen Menschen mitversorgt werden. Diese Annahmen sind heute durchaus nicht illusorisch, sie treffen auf einen guten Teil der lebenden Schriftstellerinnen zu.

Seien wir nun auch noch großzügig! Legen wir die Bleigewichte unseres Wissens ab. Unseres Wissens um die tägliche Erniedrigung, die Verachtung, Gewalt, die Angriffe, denen ein Mensch weiblichen Geschlechts auch heute noch ausgesetzt ist. Seien wir optimistisch, leisten wir uns den Luxus der Utopie, des weiten Blicks.

Welche Bedingungen stellte Virginia Woolf neben einem Einkommen und einem Zimmer für sich allein weiter, um einer Schriftstellerin die nötige Luft zum Atmen zu geben? – Sie muß die Freiheit haben, über Sexualität schreiben zu können. Über die der Frauen wie der Männer. Nun, auch diese Bedingung scheint weitgehend erfüllt. Frauen haben sich diese Freiheit bereits genommen, und ihre Werke wurden dennoch verlegt und gelesen.

Bleibt der «Engel des Hauses». Der «Engel des Hauses» erschien Virginia Woolf als einer der mächtigsten Feinde der schreibenden Frau. Der «Engel des Hauses» trat hinter sie, sobald sie sich an ihren Schreibtisch setzte, und flüsterte ihr ins Ohr, was es alles an schicklicheren, süßeren, befriedigenderen Aufgaben für eine junge Dame gäbe, als ihre Feder zu spitzen. Virginia Woolf berichtet, sie selbst habe den «Engel des Hauses» schließlich erwürgt und mit dem Tintenfaß erschlagen – in Notwehr, denn sonst hätte er mich getötet.

Der «Engel des Hauses» hatte aber zu Virginia Woolfs Zeiten einen mächtigen Verbündeten: die Kritik, die (meist männliche) Kritik, die ihr von allen Druckseiten entgegenrief: «*Eine Frau kann nicht schreiben! Du mühst dich umsonst! Bleib bei deiner natürlichen Bestimmung, denn wenn du sie verläßt, machst du dein ganzes Geschlecht lächerlich!*» Nun, auch dieser Feind der schreibenden Frauen spielt heute keine so große Rolle mehr. Er liegt wie Gurnemanz in seiner Gruft, zwar unfähig zu sterben, aber auch eines guten Teils seiner Macht beraubt.

Ist also die Luft rein? Sitzt Virginia Woolfs 50 Jahre jüngere Schwester nun in ihrem (eigenen) Zimmer, das Scheckbuch in der Schreibtischlade und taub gegen alle bösen Einflüsterungen diverser Engel und sonstiger Gespenster? Offenbar nicht. Denn wo bleiben denn, wenn alle Bedingungen erfüllt sind, die vielen zu erwartenden Woolfs, Barnes, Bachmanns? Können Frauen etwa doch nicht schreiben – oder nur gesegnete Ausnahmen dieses Geschlechts?

Wir dürfen nicht vergessen: es ist Halbzeit. 50 von den 100 Jahren sind vergangen, neue Hindernisse wurden errichtet, der «Engel des Hauses» hat sich in wundersamen Metamorphosen gewandelt, die Requisitenkammer des Patriarchats bietet ihm mannigfaltige und zauberische Verkleidungen. Seine größten Erfolge feiert er zur Zeit in seinem Auftritt als – «Die unglückliche Sirene».

Die «unglückliche Sirene» sitzt im Bauch unserer jungen Schriftstellerin und weint. Wimmernd und schluchzend erzählt sie ihr von all den gemeinen Bemerkungen, die erst jüngst wieder ein Mann gegen eine Frau gemacht hat. Sie zählt ihr jede einzelne Station auf im Leidensweg einer Frau, malt mit feinem Pinsel all die Schreckensbilder aus Schmerzen, Blut und Tränen eines Frauenschicksals. Schüchtern wendet unsere Schriftstellerin ein: Aber, das weiß ich doch, das ist mir seit Jahren bewußt, das steht in all den Büchern,

die ich gelesen habe, in all den Broschüren, die ich mitver-
faßt habe.

Aber du mußt es fühlen, jammert die Sirene, du mußt es in
die Welt hinausschreien, du mußt dein unendliches Unglück
in jedem einzelnen deiner Sätze zum Ausdruck bringen. Zu
Tränen mußt du deine Leidensgenossinnen rühren, kein
Unrecht, das dir je widerfahren ist, darf in diesem Roman
fehlen!

Und während sie noch spricht, hat «Die unglückliche Sirene» ihr Gift im Körper unserer Schriftstellerin in jedem
Winkelchen deponiert – und da sie die modernen Frauen
kennt, hat sie auch nicht vergessen, im Kopf eine gehörige
Dosis abzulagern. Endlich, nach getaner Arbeit, zieht sie sich
mit leisem Seufzen in die Bauchhöhle zurück.

Da sitzt nun die hoffnungsvolle Schriftstellerin und win-
det sich in Schmerzen. Statt eines Romans schreibt sie einen
Krankheitsbericht, eine Elendsreportage, eine Anklageschrift. Ihre Sätze sind von Tränen verwaschen, ihr Ton in
Schluchzen erstickt, ihre Protagonistin ein Bild des Jammers.
Ihr Lektor wird im – ebenfalls rührenden – Klappentext
feststellen, es handle sich hier um einen wahren Frauenro-
man, und ihre Leserin wird betrübt und entzückt feststellen,
daß diese Sätze aus ihrem eigenen Tagebuch stammen
könnten. Ein neues Werk der Frauenliteratur ist geboren.

Aber nehmen wir an, unsere Schriftstellerin hat sich der
«Unglücklichen Sirene» widersetzt. Sie hat ihr die elektrische
Schreibmaschine an den Kopf geworfen, sie mit dem Kabel
erwürgt. Sie sitzt also – Kopf hoch – in ihrem Zimmer und
greift zum ersten Blatt. Ihr Blick ist nicht von Tränen getrübt,
sondern weit und frei, denn sie fordert für sich – wie Virginia
Woolf – das Recht, Weibliches und Männliches in sich zu
vereinen. Sie macht sich an die Arbeit.

Doch: Wieviel Zeit wird sie sich dafür nehmen? Ein Roman erfordert viel Zeit und viel Arbeit. Arbeit an sich selbst und am Text. Und kaum hat unsere Schriftstellerin ihren ersten Satz hingeschrieben, taucht der «Engel des Hauses» in einer neuen Kostümierung in ihrem Zimmer auf und setzt sich keck auf den Schreibtisch. Diesmal nennt er sich – «Der geniale Wurf». Authentizität ist alles, erklärt er der jungen Frau, die aufhört zu tippen und nicht ohne Faszination die Ohren spitzt. Arbeit, so spricht er munter weiter, ist etwas, das man verweigern muß. Frauen schon überhaupt! Ihr schuftet nun schon lange genug, rackert euch ab für den Mann, die Kinder, an Herd und in der Waschküche. Und jetzt willst du auch noch Arbeit in deinen Roman investieren! Das ist doch die reinste Selbstausbeutung. Außerdem: Wirkliche Genies werfen ihr Werk in einem großen Schwung auf das Papier. Nur Kleinkrämer basteln an Sätzen herum, verunzieren ihr Manuskript mit häßlichen Strichen und verzweifeln über einzelne Worte.

Aber, wendet unsere junge Schriftstellerin etwas verwirrt ein, ich habe gehört, daß Flaubert einen Monat brauchte, um einen befriedigenden Satz zur Beschreibung eines Kohlkopfes zu finden, und daß Tolstoi *Krieg und Frieden* siebenmal umgeschrieben hat. Und die berüchtigten Fahnenkopien von Proust...

Das waren doch alles Männer(!), fällt ihr «Der geniale Wurf» ins Wort. Bei Frauen ist das vollkommen anders. Frauen haben eine spezifische Kreativität, ihr seid der Natur nicht so entfremdet wie die Männer, bei euch sind Schöpfung und Körper noch identisch, ihr gebärt ein Werk, wie ihr ein Kind gebärt. Du weißt, das kann mit Schmerzen und Wehen verbunden sein, aber nachdem das Kind in deinem

Körper gereift ist, kommt es in einem schönen Wurf zur Welt. Und möchtest du an einem Säugling herumschnippeln?

Nein, wer möchte das schon, auch unserer jungen Schriftstellerin erscheint die bloße Vorstellung blasphemisch. Also setzt sie sich mit stolzgeschwellter Brust erneut an die Maschine (während sich «Der geniale Wurf» zufrieden zurückzieht) und beginnt zu hämmern. Sie hämmert und hämmert, und nach einigen Tagen besessenen Arbeitens ist der große Wurf fertig. Ohne noch auch nur einen kleinlichen Blick daraufzuwerfen, tritt sie mit ihrem Säugling an die Öffentlichkeit, selbstbewußt, Bewunderung heischend. «Authentisch!», «originär», jubelt ihr Verleger und wirft das Werk auf den Markt, das den Tag nicht überleben wird, von dem er aber weiß, daß es über Nacht zahlreiche identifikationssüchtige Leserinnen anziehen wird.

Und selbst die kritischen Frauen schweigen oder nicken wohlwollend, denn sie halten sich vor Augen, wie schwierig die Bedingungen sind, unter denen eine Frau schreibt, und sie verwechseln milde Kritikunfähigkeit mit Solidarität.

Doch wir wollten optimistisch sein! Hoffen wir also, daß unter all den schreibwilligen Frauen sich eine findet, die den großen Wurf von ihrem Schreibtisch fegt und kurzerhand aus dem Fenster wirft.

Da sitzt sie nun in ihrem Zimmer. Nacht für Nacht, selbstkritisch zweifelt sie an jedem Satz, verwirft sie dieses und jenes Wort, lauscht sie ihrem Sprachrhythmus nach, strafft sie ihre Sequenzen, streicht sie ganze Passagen. Die Zeit verrinnt, und ein Ende ist noch immer nicht abzusehen. Und schon öffnet sich still und heimlich die Tür zu ihrem Zimmer, und herein tritt unser alter Bekannter in einem prachtvollen Kostüm.

Er stellt sich höflich scherzend vor: Ich bin – «Die Geselligkeit», spricht er mit leichtem Ton und rafft die Röcke seines farbenfrohen Gewandes. Sanft faßt er unsere junge Schriftstellerin am Arm: Du dauerst mich. Da sitzt du Nacht für Nacht ganz allein, und draußen tobt das Leben. Ist da denn keiner, der dich in den Arm nimmt, der dich mit sanfter Gewalt von dieser gräßlichen Maschine entführt ins Reich der Sinne? Hast du denn alle Begierde in dir abgetötet?

Aber es ist doch nur für die Zeit, die ich zum Arbeiten brauche, entgegnet unsere Schriftstellerin, etwas irritiert, denn sie fühlt sich gestört. Ich brauche die Einsamkeit zum Schreiben, ich brauche sie, um mich konzentrieren zu können, ich bin doch ohnehin so leicht ablenkbar.

Das kann ich nicht durchgehen lassen, schilt sie «Die Geselligkeit», denn du bist eine Frau. Und eine Frau alleine macht keinen guten Eindruck. Bedenkt, daß Einsamkeit der größte Feind deines Geschlechts ist. Denk an die arme alte Frau, die isoliert in ihrer Wohnung sitzt, denk an die unglücklichen Geschlechtsgenossinnen, die keinen Partner gefunden haben und nun alleine allabendlich ihr lieblos bereitetes Essen hinunterschlingen müssen, und denk auch an die hochmütigen Singles, die glaubten, sie könnten als Frau allein durchs Leben gehen, und die doch nur Nacht für Nacht von einer Bar in die nächste eilen, um endlich den Mann fürs Leben zu finden. Einsamkeit ist für Frauen unerträglich! Und du willst dieses Schicksal freiwillig auf dich nehmen?

An dieser Stelle verliert unsere junge Schriftstellerin die Geduld. Nun hat sie doch schon «Die unglückliche Sirene» mit der Schreibmaschine erschlagen, «Den großen Wurf» aus dem Fenster geworfen, und all das nur, um sich von diesem neuen Gespenst bei der Arbeit stören zu lassen?

Hör zu, sagt sie und schubst «Die Geselligkeit» auf einen Sessel. Ich suche nicht nach dem Mann des Lebens, sondern nach den Lonesome Cowboys meines Geschlechts.

Wo sind sie? Wo ist das weibliche Gegenstück zum einsamen Wolf, der durch die Straßen der Großstadt irrt, verlassen von Gott und der guten Gesellschaft, der im Rauch verruchter Kneipen und im Klagen eines Saxophons Anregung sucht, Anregung für seinen großen Roman, den er dann in seinem schmuddeligen Hotelzimmer zu Papier bringen wird, mit Hilfe einer Schreibmaschine und einer Flasche Whiskey?

Wo ist das weibliche Pendant zum einsamen Proust, allein mit seinem Asthma, seiner Besessenheit (– und seiner Haushälterin)? Zu Hölderlin in seinem Turm, Kerouac on the road, Heine in seiner Matratzengruft?

Ich kann dir die männlichen Identifikationsfiguren für einsames Produzieren aus dem Ärmel schütteln. Aber Frauen? Und nun höre und staune – es gibt sie. Man muß nur ein wenig suchen, geduldig und mit gutem Willen. Da ist zum Beispiel eine ziemlich kaputte, ziemlich geniale, ziemlich heruntergekommene Djuna Barnes in ihrem New Yorker Appartement. So jenseits, daß das Gerücht aufkam, sie sei tot, als sie noch lebte.

Da ist die ziemlich ausgeflippte, nicht minder geniale Else Lasker-Schüler, die von einem Café ins nächste streunte. Die allen auf die Nerven ging, die kaum einer verstand, die sich mit allen verkrachte.

Sie sind da, aber das Fenster, hinter dem ich sie sehen kann, ist beschlagen. Ich muß es erst vom Eis befreien und die häßlichen Vorhänge wegziehen, hinter denen ihre Biographen es versteckt haben. Denn folge ich den Schilderungen, die mir – von männlicher Seite – zur Verfügung stehen, dann sehe ich nicht die einsame, hungrige Wölfin, sondern entweder eine zickige Hysterikerin oder eine arme, hilflose Frau, die darunter leidet, daß sie kein eigenes Heim hat.

Wenn ein Jack Kerouac on the road dasselbe tut wie eine Else Lasker-Schüler in Berlin, warum entstehen dann zwei so grundverschiedene Bilder? Weil sie eine Frau ist. Weil Frauen nach dem herrschenden Einverständnis in solche Situationen nur geraten können, nicht aber sie wählen.

«Denken ist solitär. Alleinsein ist eine gute Sache», sagte Ingeborg Bachmann. Die Fröste der Freiheit sind oft die Eisblumen am eigenen Fenster.

Die Geselligkeit zeigt sich beeindruckt. Sie ringt nach Argumenten. Doch es ist ja nicht das erstemal, daß sie eine junge Schriftstellerin besucht, und so ist sie auch bald wieder Herrin der Lage.

Nun höre du, spricht sie und zündet sich eine Zigarette an. Du hast sicher recht darin, daß die meisten großen Werke um den Preis harter Arbeit und Einsamkeit entstanden sind. Aber du vergißt, daß diese Werke zumeist von Männern stammen.

Kennst du nicht den Satz *«Genies sind asozial»?* Weißt du nicht, daß diese Erkenntnis nur bei Männern hingenommen wird? Daß es einer Frau, diesem Wesen, dessen höchste Kunst darin besteht, Geselligkeit zu schaffen, nicht gestattet ist, sich zurückzuziehen, ja, daß das als Verbrechen geahndet wird, als Wahnsinn behandelt, als Egoismus bestraft?

Wo willst du denn den Mann finden, der dir lästige Gäste vom Hals hält, dir im richtigen Moment den Tee serviert und alle störenden Geräusche in deiner Umgebung dämpft? Glaubst du ernsthaft, du könntest diesen Mann finden und ihn dir halten, wenn du nicht bereit bist, dich in doppeltem Maße um sein Wohlbefinden zu sorgen, ihm ohne Unterlaß zu zeigen, daß er dir tausendmal mehr bedeutet als dein Werk?

Oder bist du gar so vermessen, zu glauben, du könntest eine Frau finden, die all das für dich tut? Die auf ihre eigene Emanzipation verzichtet, um für dich den Schutzengel zu spielen? Lächelnd konstatiert «Die Geselligkeit» ihren Erfolg. Es sieht so aus, als hätte sie es geschafft. Während sie die Tür hinter sich schließt, starrt unsere junge Schriftstellerin auf ihr weißes Blatt und findet keine Worte mehr. Ist es ihr nicht ganz genauso ergangen? Hat sie nicht ihr Liebhaber verlassen, grollend, gekränkt, verletzt? Kann beschriebenes Papier das Leben ersetzen? Es sei denn... Todesmutig wankt unsere Schriftstellerin auf die neue Falle zu, die sich weit auftut in ihrem Kopf, gelegt von den Damen Geselligkeit und Authentizität zugleich, verkleidet als sicherer Weg zum Erfolg: Sie wird über das Scheitern ihrer Beziehung schreiben!

Aber halt. Am Rande der Falle stellt sich ihr ein Satz in den Weg. Ein Satz, den Virginia Woolf dort vor 50 Jahren deponiert hatte, nicht wissend, daß sie damit helfen würde, einen zukünftigen Roman vor dem Schicksal des scheinauthentischen Mittelmaßes der Beziehungsliteratur zu retten. In kühlem Taubenblau stehen da also die Worte: *«Ich wünsche mir sehnlichst ein Entkommen aus der unaufhörlichen, unerbittlichen Analyse des Sichverliebens und Sichentliebens, dessen, was Tom für Judy fühlt und Judy nicht oder nicht ganz für Tom. Es verlangt uns nach anderen, unpersönlicheren Beziehungen. Es verlangt uns nach Träumen, nach Phantasien, nach Poesie.»* Unsere Schriftstellerin ist gerettet. Konzentriert sitzt sie an ihrem Schreibtisch, läßt den Blick weit über die Grenzen ihres Geschlechts schweifen und verlangt – nach Utopie.

Vor ihrem Fenster türmt sich ein Berg von Leichen: die

toten Metamorphosen des «Engels des Hauses», die als Beziehungsliteratur getarnten Liebesbriefe, die als authentisch verkleideten Tagebücher, die als sozialkritisch aufgeputzten Elendsreportagen.

Drinnen, in ihrem Zimmer, entsteht ein neuer Roman. Ein Roman, gewoben aus Utopie, der die Leserin zu befreienden Gedanken anstiften wird, der sie sehnsüchtig macht und rebellisch. Der ihr die Augen öffnet für alles Uneingelöste – uneingelöst für das Geschlecht der Menschen und doppelt uneingelöst für das Geschlecht der Frauen: Freiheit, Würde, Grenzenlosigkeit.

Dieser Roman wird in ihr den Stolz wiederherstellen, den Ingeborg Bachmann für alle Menschen einfordert und dessen die Frauen so bitter bedürfen: den *Stolz dessen, der in der Dunkelheit der Welt nicht aufgibt und nicht aufhört, nach dem Rechten zu sehen».*

LITERATUR

DIE MASCHINE DER HERRSCHAFT

Ein Reisender in Sachen Strafvollzug kommt auf eine entlegene Insel, die einem nicht näher bezeichneten Staat als Strafkolonie dient. Zweck seines Besuches ist die Vorführung einer einzigartigen Maschine, die zugleich als Folter- und Hinrichtungsinstrument dient. So beginnt Kafkas Erzählung *«In der Strafkolonie»*, eine Erzählung, die in den frühen 70er Jahren so legendär war, wie in den frühen 60er Jahren *«Die Verwandlung»*. Heute muß man nicht mehr Kafka lesen, um mitreden zu können. Kafka ist gewissermaßen out, im hellen Neonlicht der Postmoderne wird das «Dunkel», das seinem Werk von jeher attestiert wurde, nicht wahrgenommen. Welch ein Glück. Niemand fühlt sich bemüßigt, Kafka zu lesen, nur um auf dem laufenden zu sein. Niemand muß vor der Lektüre zurückschrecken, weil ihn das bedeutungsvolle Gemurmel in den Feuilletons mißtrauisch macht. Eine gute Zeit, um endlich das zu tun, was die einzig sinnvolle Herangehensweise an dieses legendenumwobene Oeuvre ist: es nämlich einfach zu lesen.

Interpretiert wurde es schon genug, von allen Seiten, quer durch die Germanisten- und Kritikerfronten. Der einzige, der ihm vermutlich wirklich nahe kam, war Walter Benjamin, denn der hatte kein Interesse daran, Geheimnisse zu enträtseln. Gerade das berüchtigte «Dunkel» zwingt die Le-

serin und den Leser zu einer sehr intensiven Auseinandersetzung mit diesem Werk, zwingt sie, die eigene Situation
mit dem Gelesenen zu konfrontieren, sich auf einen dialek-
tischen Prozeß des Verstehens und Verwerfens einzulassen.
Jede und jeder wird so etwas anderes in dieses Werk hin-
einlesen, aber keine/n läßt es ungeschoren davonkommen.
Und das ist gut so.

Ein Offizier, der an der Konstruktion dieser Maschine, die
der Reisende in der Strafkolonie besichtigt, beteiligt war,
und der inzwischen die alleinige Verantwortung für sie trägt,
demonstriert ihr Funktionieren am lebenden Objekt. Dieses
Objekt ist ein Soldat, der es gewagt hat, sich seinem Vorgesetzten zu widersetzen, das schlimmste aller denkbaren
Verbrechen. Sein Urteil ist gesprochen, er selbst aber kennt
es nicht. Da der Reisende darüber etwas befremdet ist, erklärt ihm der Offizier: *«Es wäre nutzlos, es ihm zu verkün-
den. Er erfährt es ja an seinem Leib.»* Die Maschine, ein
wahres Kunstwerk, sticht dem Verurteilten mit tausenden
feinen Nadeln seinen Richtspruch in das Fleisch. In diesem
Fall: «Ehre deinen Vorgesetzten.» Die Prozedur dauert sechs
bis zwölf Stunden. Mittels komplizierter mechanischer Vor-
richtungen wird der Leib des Opfers um und um gewälzt, so
daß die Nadeln ihre Botschaft in jeden Teil seines Körpers
einschreiben können. *«Die wirkliche Schrift»*, erläutert der
Offizier, *«umzieht den Leib nur in einem schmalen Gürtel;
der übrige Körper ist für Verzierungen bestimmt.»* Nichts ist
dabei dem Zufall überlassen, jedes Detail sorgfältig durch-
dacht. Vom Sadismus eines primitiven Folterknechtes ist der
Offizier weit entfernt. Er ist ein Ingenieur, der sein Instrument liebt und pflegt, der von der Richtigkeit seines Handelns zutiefst überzeugt ist. Der Höhepunkt der Prozedur ist
nach etwa sechs Stunden erreicht: *«Verstand geht dem Blö-*

desten auf. Um die Augen beginnt es», erklärt der Offizier dem Reisenden voll Enthusiasmus. *«Es geschieht ja weiter nichts, der Mann fängt bloß an, die Schrift zu entziffern, er spitzt den Mund, als horche er. Sie haben gesehen, es ist nicht leicht, die Schrift mit den Augen zu entziffern; unser Mann entziffert sie aber mit seinen Wunden.»*

So erfährt er sein Urteil, über das nie verhandelt wurde, zu dem er sich nie hatte äußern, gegen das er sich nie hatte verteidigen dürfen. Der Offizier ist Richter und Henker zugleich, er allein trifft die Entscheidungen. Die Legitimation seines Amtes beruht darauf, daß er die Maschine am besten kennt. Er ist ein Mann von Prinzipien, und seine Prinzipien sind einfach: *«Der Grundsatz, nach dem ich entscheide, ist: Die Schuld ist immer zweifellos.»*

Doch die Zeiten sind nicht mehr, was sie einmal waren. Der alte Kommandant, Erfinder und Protektor der Maschine, ist tot. Der neue Kommandant ist leider nicht vom Schrot und Korn des alten. Beeindruckt vom Humanitätsgeschrei seiner Damen droht er, die Maschine eines näheren oder ferneren Tages abzuschaffen. Und jetzt schon boykottiert er sie durch die Verzögerungen von Ersatzteillieferungen. In dem Reisenden sieht der Offizier seine letzte Hoffnung, das Erbe des alten Kommandanten, das zugleich sein Alter ego ist, zu retten. Er weiß, daß diese neuen Herren auf die öffentliche Meinung hören, und so muß es ihm gelingen, den Reisenden von der Unersetzlichkeit seines kostbaren Apparates zu überzeugen. Der Offizier ist der ideale höhere Beamte, der nicht nur sein Amt verwaltet, sondern durch Eigeninitiative, Erfindungsgeist und hohes Verantwortungsbewußtsein die Kontinuität von Herrschaft sichert. Er hat nicht die Macht, aber Machtbefugnisse. Er dient der Herrschaft an sich, und daß der neue Kommandant davor zurückschreckt,

Herrschaft rein und unverfälscht auszuüben, verstört ihn. Diese Verstörung macht ihn blind für die Realitäten. Er sieht nicht, daß auch der neue Kommandant gar nicht daran denkt, die Herrschaft selbst zu beseitigen, sondern nur daran arbeitet, ihre Nacktheit in die freundlicheren Gewänder zu hüllen, die «zivilisierte» Länder neuerdings für sie anfertigen ließen. Kleider, wie sie sich auch der Reisende als Abgesandter der neuen Herren mit ihren raffinierteren Methoden wünscht.

Als der Offizier einsehen muß, daß von diesem Reisenden keine Unterstützung zu erwarten ist, zieht er als aufrechter Mann die Konsequenz: Er legt sich selbst in die Maschine, nachdem er die Schrift auf sein eigenes Urteil eingestellt hat: *«Sei gerecht».* Mit ihm findet auch die Maschine ihr Ende, sie bricht während der Prozedur an ihrem Herrn Stück für Stück zusammen. Das verzückte Erkennen aber, das der Offizier stets an seinen Opfern nach der sechsten Stunde der Folter wahrgenommen hat, bleibt ihm versagt: *«Es war, wie es im Leben gewesen war; [...] der Blick war ruhig und überzeugt.»* Die Tragik dieses Mannes war, daß er, ihr enthusiastischster Diener, nicht fähig war, das Funktionieren von Herrschaft zu verstehen. Er erkannte sie nicht wieder in den neuen Gewändern, und er war nicht weitsichtig genug, um zu wissen, daß auch diese neuen Gewänder einmal wieder abgelegt würden. Daß Herrschaft, um sich zu erhalten, ständig ihre Formen und Methoden den Erfordernissen anpassen muß. Er konnte nicht ahnen, daß seine Stunde jederzeit wieder hätte schlagen können, daß er nur geduldig hätte abwarten müssen, bis die Methoden des neuen Kommandanten sich als ineffektiv erwiesen.

Der Reisende ist klüger. Er findet unter jeder Herrschaft, egal in welches Gewand sie sich gerade hüllt, sein Auskommen. Er ist der objektive Betrachter, der sich in aller Welt vorführen läßt, wie Herrschaft mit ihren Feinden fertig wird, um anschließend Memoranden für diverse Kommissionen zu verfassen. Er besucht auch heute noch Foltergefängnisse von Santiago bis Djarbakir, immer noch dieselbe Aktenmappe unter den Arm geklemmt, immer noch denselben aufmerksamen Ausdruck im Gesicht, bereit, sich die Dinge und ihre Notwendigkeit erklären zu lassen. Er wird sich erlauben, zu gewissen Übertreibungen Kritisches anzumerken, wird sich aber hüten, die Herrschaft selbst zu kritisieren oder auch nur ihren Opfern zuhilfe zu kommen. Als der soeben dem Tod entronnene Verurteilte und sein jederzeit vom selben Schicksal bedrohter Wächter versuchen, mit Hilfe des Reisenden aus der Strafkolonie zu fliehen, wehrt der sie angeekelt ab: *«Sie hätten noch ins Boot springen können, aber der Reisende hob ein schweres Tau vom Boden, drohte ihnen damit und hielt sie dadurch von dem Sprung ab.»*

Im Gegensatz zum Offizier weiß der Reisende, daß auch die Tage des neuen Kommandanten gezählt sind. Die Hoffnung, die Kafka weckt, indem er den Offizier sich in die eigene Maschine legen und beide zugrunde gehen läßt, hebt er in der Figur des Reisenden wieder auf. Kurz vor seiner Abreise besichtigt der das Grab des alten Kommandanten. Es liegt in einer verkommenen Teestube, versteckt unter einem Tisch, versehen mit der Inschrift, der alte Kommandant werde *«nach einer bestimmten Anzahl von Jahren auferstehen und [...] seine Anhänger zur Wiedereroberung der Kolonie führen»*. Die Männer, die zusehen, wie der Reisende diese Prophezeiung liest, geben ihm zu verstehen, daß sie sie lächerlich finden. Der Reisende aber *«tat, als merke er das nicht, verteilte einige Münzen unter sie, wartete noch, bis der Tisch über das Grab geschoben war, verließ das Teehaus und ging zum Hafen.»* Der alte Kommandant und seine Maschine sind seither in vielerlei Metamorphosen wiederauferstanden. Auf der ganzen Welt dient die Maschine, auf den neuesten technischen Stand gebracht, bedient von neuen Offizieren, der Herrschaft gegen ihre Feinde. Sie wird heute nicht mehr nur von Kommandanten und Offizieren entworfen und gebaut, sondern unter der erfindungsreichen Mithilfe von Medizinern und diversen Wissenschaftlern. Sie ist Gegenstand internationaler Konferenzen hochrangiger Fachleute.

Ihr Mechanismus wird in internationalem Austausch regelmäßig verfeinert und intensiviert, und sie muß ihre Opfer unendlich länger als nur sechs bis zwölf Stunden am Leben erhalten. Sie schreibt ihnen ihr Urteil in den Leib, so daß viele sich schämen und schuldig fühlen, wenn sie ihrem Mechanismus lebend entronnen sind. Das Urteilsprinzip des unglücklichen Offiziers der Strafkolonie ist dasselbe geblieben. Die heutigen Verurteilten bekommen zwar, im Gegensatz zum Soldaten der Strafkolonie, gelegentlich eine Verhandlung und sogar einen Verteidiger. Der Grundsatz aber, nach dem entschieden wird, lautet, solange es Herrschaft gibt und solche, die sich ihr widersetzen: *«Die Schuld ist immer zweifellos.»*

GEGEN DIE BEQUEMLICHKEIT DER NIEDERLAGE

«Was hat man davon, Existentialist zu sein?» – Ja, was hat man, was hat frau wirklich davon? Um eine von mehreren Antworten gleich vorwegzunehmen: ein ziemlich unbequemes Leben.

Da kommt ein Buch daher, das nicht einmal neu ist, platzt in den Sektrausch des Zeitgeistes, in die selbstmitleidige Resigniertheit ehemaliger Kämpferinnen, in die gemächliche Restauration guter alter Werte und tut so, als habe es auf gut 200 Seiten die Wahrheit gepachtet. Die Autorin dieses Buches, das uns nur olle Kamellen von vor -zig Jahren zu bieten hat, ist zu allem Überfluß auch schon tot, und die Themen, über die sie schreibt, sind Schnee von gestern: Existentialismus (ach ja, damals, die mit den schwarzen Schals und dem Sartre-Tick), Kollaboration (das wissen wir spätestens seit dem Barbie-Prozeß, daß die Franzosen auch Dreck am Stecken haben), Politik und Moral (was das denn?), Rache (wie peinlich), das Denken der Rechten (wer hätte gedacht, daß Kohl denkt).

«Jedes richtige Denken ist immer beleidigend», zitiert Simone de Beauvoir Stendhal, ein Satz, der durchaus auch zutrifft auf die fünf Essays, die sie zwischen 1945 und 1955 in der von Sartre gegründeten Zeitschrift *Les Temps Modernes* veröffentlichte, und die nun mit reichlicher Verspätung end-

lich auf Deutsch vorliegen (ausgezeichnet übersetzt und kommentiert von Eva Groepler).

Beleidigend sind die klugen und unbestechlichen Analysen Simone de Beauvoirs nicht nur für die Rechte, deren neue Ideologie sie aus der Niederlage des Faschismus erklärt, als *«Denken von Besiegten, besiegtes Denken»*, das nicht mehr zu eigenen Entwürfen fähig ist, sondern nur noch dazu, sich gegen die Bedrohung durch den Kommunismus und die ausgebeuteten Völker der Erde zu verteidigen. *[«Die einzigen Gegenmittel, die die Rechte in Betracht zieht, sind die Bombe und die Kultur: ersteres ist ziemlich radikal und letzteres wirkungslos.»]* Beleidigend ist Beauvoirs Denken nicht nur für die rechten Intellektuellen, die sie, Marx zustimmend, als das beschreibt, was sie sind: *«bürgerliche Parasiten, eine bloße Emanation der kapitalistischen Mächte, ein Epiphänomen, ein Nichts: [...] jemand[en], der sich – mangels eines Platzes in dieser Welt – in die Ewigkeit entfremdet hat.»* (Eine Beschreibung, die nicht nur auf rechte Intellektuelle zutrifft, und nicht nur auf die fünfziger Jahre.) Simone de Beauvoirs Denken ist auch beleidigend für einen Gutteil derer, die sich heute zum intellektuellen Mittelstand zählen, für die Alt-68er und -68erinnen und Neu-Ex-Friedensbewegler und -innen, die sich zugute halten, endlich «erwachsen» geworden zu sein.

Beauvoirs Analysen sind höchst aktuell, weil (wieder) zutreffend – einen Geist treffend, der es sich in der Niederlage bequem gemacht hat. *«Wenn der Mensch sein Wesen nicht verändern kann, wenn er über sein Schicksal keine Macht besitzt, bleibt ihm nur, sich mit Nachsicht so zu akzeptieren, wie er ist: Das erspart ihm die Anstrengung des Kampfes. Der Existentialismus, der dem Menschen sein*

Schicksal wieder in die eigenen Hände legt, stört seine Ruhe.»

Die Menschen, von denen Beauvoir spricht, sind natürlich andere als die Menschen heute, doch die Grundmuster der Bilder ähneln sich.

Hin- und hergerissen zwischen drohender Arbeitslosigkeit und lockendem Champagnercocktail, erschöpft von den Hungertoten im Fernsehen und enttäuscht über die Ergebnislosigkeit der letzten Unterschriftenaktion, erstickt vom Selbstmitleid und zerfressen vom Ehrgeiz, einen Roman über die eigene Betroffenheit zu schreiben, aufgerieben von den Ansprüchen seiner emanzipierten Freundin und zitternd vor dem Bußgeldbescheid wegen des Volkszählungsboykotts, flüchtet sich der auf Computer umgeschulte Referendar der späten achtziger Jahre in die kathartische Erlösung der neuesten Strahlenwerte.

Da er doch ein bißchen mehr zu verlieren hat als seine Ketten, kann er sich nicht mit den «Verdammten dieser Erde» identifizieren und weiß nicht mehr wirklich, wo er hingehört. Und da die Bourgeoisie beschlossen hat, daß sie nicht noch mehr von seiner Sorte braucht, sondern daran geht, sich gezielt ihre eigenen Eliten auszubilden, hat er keine echte Chance, den heimlich ersehnten Aufstieg zu schaffen. Zurückgeworfen auf sein eigenes Ich, beunruhigt von all den Geräuschen, die von «draußen» kommen, lauscht er um so intensiver in sich selbst hinein. Er verliert seine Illusionen: über den Sinn von politischer Arbeit, über den Traum vom kollektiven Leben, über die Haltbarkeiten von Freundschaften. Er wird erwachsen und weiß, das Leben ist kurz, bald schon kann die Bombe fallen, also will er wenigstens noch etwas von diesem Leben haben. Er will sich nicht länger mit dem Unmöglichen herumschlagen, sondern endlich leben, einfach nur leben.

«Wenn man proklamiert, das Leben sei ein wunderbares Abenteuer, ist man jede Sorge los: Indem wir essen und schlafen, sind wir schon Halbgötter; jeder Herzschlag läßt uns mühelos am großen Menschenabenteuer teilhaben. Oder man gibt zu, daß das Leben nur eine Farce sei: dann ist nichts von dem, was wir tun, von Bedeutung, wir können unbekümmert schlafen und essen. Wenn aber das Spiel weder von vornherein verloren noch gewonnen ist, muß Minute für Minute gekämpft und riskiert werden: Das stört unsere Faulheit. Die Menschen sind höchstens bereit, ein oder zwei Kämpfe zu führen; aber dann wollen sie sich in ihrem Sieg oder ihrer Niederlage ewig ausruhen können.» – Ein 40 Jahre alter Satz, brauchbar als eine (von mehreren nötigen) Erklärungen dafür, daß heute das Durchschnittsalter auf militanten Demonstrationen kaum die 30 erreicht, und daß so manche alte Feministin heute für das Glück der Mutterschaft plädiert.

Für Simone de Beauvoir gibt es kein Alibi: Der Mensch ist weder irgendwelchen unüberwindlichen Mächten ausgeliefert noch den Grenzen der Natur. Die Geschichte wird vom Menschen gemacht und jeder Mensch verfügt über die Freiheit, sich in jeder Situation für oder gegen etwas zu entscheiden. Er wirkt selbst dann auf die Geschichte und auf sein eigenes individuelles Leben ein, wenn er sich nicht entscheidet: er hat dann gewählt, sich nicht zu entscheiden. Wer eine Veränderung der Verhältnisse für unmöglich (utopisch) erklärt, trägt bereits dazu bei, sie unmöglich zu machen. Selbst eine Niederlage, sagt Beauvoir, *«ist erst dann eine, wenn der Besiegte sie als solche hinnimmt»*.

Sie wählt als Beispiel die Entschuldigung, die die französischen Kollaborateure nach der Niederlage der Deutschen für ihr Verhalten vorbrachten: sie hätten nicht an diese zukünftige Niederlage glauben können, und somit nur das Faktum der deutschen Überlegenheit, des deutschen Sieges, anerkannt: *«In Wirklichkeit haben sie damit für die deutsche Vorherrschaft optiert, die sie angeblich nur anerkannt hatten; der Begriff Anerkennung ist bereits an sich doppelsinnig: eine Regierung anerkennen, heißt, ihre Existenz zulassen.»* Es gibt keine Entschuldigung für das Verhalten der Kollaborateure. Doch sie, die damals von allen, die sich mit dem deutschen Sieg nicht abfinden wollten, gehaßt wurden, die damals ein mörderisches Bedürfnis nach Rache verursachten, sind – scheinbar – nicht dieselben, die «heute», also nach der Befreiung, vor Gericht stehen. Angesichts des Pomps und der rituellen Inszenierung der Prozesse erscheinen die Angeklagten nur noch als hilflose, alleingelassene, ausgelieferte Menschen, deren reales Blut nach der formalisierten Verkündung des Urteils fließen wird.

Sie waren doch auch nur Menschen, und wer ist schon unfehlbar? Soll man also Barmherzigkeit walten lassen und diesen armen Teufeln, die man plötzlich nicht mehr hassen kann, die Todesstrafe ersparen? Camus und viele andere antworteten auf diese Frage mit Ja. Sie unterschrieben eine Resolution, die für das Leben der Angeklagten plädierte. Simone de Beauvoir unterschrieb die Liste nicht. So, wie sie die spontanen Racheakte in den Tagen der Befreiung rechtfertigte, obwohl sie präzise analysiert hat, daß diese Rache nicht wirklich möglich ist, da das Verhältnis zwischen ehemaligem Gefolterten und ehemaligem Folterer nicht einfach umkehrbar ist, so verweigert sie den Angeklagten der Kollaboration die «Barmherzigkeit», obwohl sie gegen die Todesstrafe ist. Ihre Begründung erklärt sich aus der Essenz der existentialistischen Haltung: «*Sich von der Wut und dem Willen von einst lossagen und der Emotion des Augenblicks den Vorzug geben, hieße, die menschliche Existenz in wertlose Fragmente zerschlagen, die Vergangenheit vernichten, die Toten in einem Abgrund von Abwesenheit vergraben, sämtliche Beziehungen zu ihnen abbrechen.*»

Strafe, das führt sie in dem Titel-Essay Auge um Auge mit der größtmöglichen Differenziertheit vor, Strafe enthält immer ein gewisses Scheitern: «*Doch ebenso wie Haß und Rache schließen auch Liebe und Handeln immer ein Scheitern ein, was uns dennoch nicht daran hindern darf, zu lieben und zu handeln; denn wir haben unsere Situation nicht nur zu erkennen, sondern sie inmitten ihrer Zwiespältigkeit auch zu wählen.*»

Nein, der Existentialismus ist keine bequeme Haltung, keine Philosophie, in der frau/man es sich behaglich einrichten könnte. Er ist eine Möglichkeit, sich für ein Leben als authentisch handelndes Subjekt zu entscheiden, das sich mit den Gegebenheiten nicht abfindet, sondern ständig darum kämpft, es zu verändern, zu «überschreiten». Eine Philosophie für die, die nicht anders können als weiterzukämpfen, die nicht bereit sind, an eine prästabilisierte Harmonie zu glauben, an heilige Gesetze der Natur und daran, daß der Mensch auf der Welt sei, um seine Ruhe zu haben: «*Der Mensch muß also die Hoffnung verlieren, sich in seine innere Reinheit zurückzuziehen oder aber im fremden Objekt aufgehen zu können; die zeitliche Dispersion, die Trennung der Bewußtseine verbieten ihm, von einer endgültigen Versöhnung mit sich selbst zu träumen; die Zerrissenheit ist sein Los, der Preis für seine Anwesenheit auf der Welt, für seine Transzendenz und seine Freiheit. Versucht er zu fliehen, verliert er sich endgültig; er schafft nichts, oder das, was er schafft, ist nichts. Er muß darauf verzichten, die Ruhe kennenzulernen, er muß seine Freiheit auf sich neh-men.»* Pessimistisch? – Nein: Der Existentialismus *«will den Menschen davon überzeugen, authentisch ein Mensch zu sein, und er behauptet den Wert dieser Vollendung. Eine solche Philosophie kann es sich leisten, den Trost der Lüge und der Resignation mutig abzulehnen: sie vertraut dem Menschen.»*

GIBT ES EINE WEIBLICHE LITERATUR?

Am 8. Mai diesen Jahres jährt sich zum 40. Mal die «Stunde Null», in der Nazideutschland endlich von den Alliierten besiegt wurde, die Konzentrationslager befreit wurden, die Versteckten aus ihren Kellern auftauchen konnten, die Widerständischen nicht mehr vor Entdeckung und Verhaftung zittern mußten. Vor 40 Jahren ging auch ein Raunen durch das Exil: Es war wieder möglich, mit dem Gedanken an Heimkehr zu spielen.

Ein hastiges Gedränge allerdings entstand nicht in Portugal, Schweden, Amerika: Die Emigranten konnten nicht davon ausgehen, daß die Heimat, die sie wiederfinden würden, dieselbe wäre, die sie vor Beginn des Schreckens war. Und sie konnten auch nicht davon ausgehen, daß sich die Menschen in diesen 13 Jahren in Deutschland nicht verändert hätten. Ihre Befürchtungen bestanden zu Recht. Was hat das mit Literatur von Frauen zu tun? Darauf komme ich noch.

In diesen Jahren, nach der sogenannten «Stunde Null», begann, vor allem unter den jüngeren Menschen, ein Ansturm auf alle verfügbaren Buchläden. Eine Generation, die jahrelang von jeder Literatur, abgesehen von den deutschen Klassikern, abgeschnitten war, eine Generation, die ahnte, was man ihr vorenthalten hatte, stürzte sich auf die Literatur der Deutschen vor 1933, die als dekadent und pervertiert verbrannt worden war, vor allem aber auf die Franzosen und Amerikaner.

Und bald ging das Wort um vom «schwarzen Loch», vom «großen Bruch». Die deutschsprachige Literatur, hieß es, habe einen unüberwindbaren Riß erhalten: Es gäbe nur eine Literatur vor 1933 und eine (noch zu schaffende) Literatur nach 1945. Diese neue, erst entstehende Literatur aber müsse mit einem Manko arbeiten, einem Defizit: Sie könne an keine direkte Tradition anschließen. Der Riß durch den Faschismus sei zu groß. Erst sehr, sehr viel später wurde auch im westlichen Teil Deutschlands entdeckt, daß das so nicht stimmt. Das «große Loch» existierte nur im «großdeutschen Reich».

Es gab keinen Riß, sondern Ausgrenzung: Exil. Die Schriftstellerinnen und Schriftsteller im Exil aber schrieben, und sie schrieben in deutscher Sprache. Nelly Sachs' Gedichte, Heinrich Manns *Henri IV.,* Thomas Manns *Joseph und seine Brüder,* Anna Seghers *Das Siebte Kreuz,* um nur ein paar wenige Werke zu nennen, zählen zum Größten, was die deutschsprachige Literatur in diesem Jahrhundert hervorgebracht hat.

Nur: All dies wurde nicht gelesen im Westdeutschland der Jahre nach 1945. Anna Seghers, deren Roman *Das Siebte Kreuz* in Ostberlin 1947 ein Bestseller war, wurde ein Jahr später von der westdeutschen Kritik verrissen. Nelly Sachs' Gedichte erschienen Ende der 50er Jahre zum erstenmal in der Bundesrepublik (in Ostberlin wurde bereits 1947 *In den Wohnungen des Todes* veröffentlicht). Ihr Gedicht-Zyklus *Sternverdunkelung* war, zusammen mit Paul Celans *Sand aus Urnen* hierzulande 1949 aus Mangel an Interesse eingestampft worden! Als 1960 das erste Buch der jüdischen

Dichterin Gertrud Kolmar (die im KZ ermordet worden war) in der Bundesrepublik erschien, blieb es ohne Resonanz.

Lese ich nun in den immerhin zahlreich erschienenen Aufsätzen über weibliche Ästhetik, kann ich mich des Eindrucks nicht erwehren, daß es in Wirklichkeit gar keine weibliche Literatur gibt. Es sieht ganz so aus, als müßte die überhaupt erst geschrieben werden. Dieser Eindruck entsteht zumindest, wenn ich denen folge, die sich auf die französischen Theoretikerinnen berufen. Ich erfahre da: Wir Frauen kommen aus dem Nichts, wir sitzen am Rande des Spiegels, unsere Existenz ist die Nichtexistenz. Und: Der *«weibliche Diskurs ist ein den Frauen eigener, sie schreiben ihn ein mit ihren Körpern, außerhalb der logozentristischen, phallozentrischen männlichen Kulturtradition».*

Ich sehe das anders. Ich sehe vor allem das nicht, was hier als «weiblicher Diskurs» beschrieben wird. Aber davon später.

Wenn ich Cixous und Irigaray – und vor allem ihre Adeptinnen – richtig verstehe, dann kann dieser idealtypische «weibliche Diskurs» noch gar nicht stattgefunden haben. Denn wer wollte leugnen, daß wir alle uns unauflöslich in einer männlichen, sprich «phallozentristischen» Welt bewegen, in ihr aufwachsen, selbst in unserem Widerstand mit ihr verflochten sind, und daß wir keine andere Sprache gelernt haben als die herrschende.

Was hier als «weiblich» beschrieben wird, diese «Nicht-Existenz», dieses Ausgegrenzte, ganz und gar andere, ist nichts als eine Spekulation: Auf ein An-sich-sein, das hier und heute nicht stattfindet und noch nie stattgefunden hat. Der Körper der Frau wie auch ihr Intellekt sind keine «Tabula Rasa», kein «Reines» und «Unversehrtes», das nur befähigt werden müßte, sein ureigenes Begehren zuzulassen.

111

Der weibliche Körper wie auch der Intellekt und die Kreativität von Frauen (die ich nicht mit dem weiblichen Körper a priori gleichsetzen kann und will) sind gesellschaftlich und historisch geprägt. Sie sind genarbt von den Wunden, die ihnen das Patriarchat zufügte, und von den Wunden, die Frauen sich im Widerstand schlugen. Sie sind ein von Männern besetztes Gebiet, das auch nach seiner Befreiung nicht frei ist von den Spuren, die die Besatzer hinterlassen haben. Diese Historizität des weiblichen Körpers, der Intellektualität von Frauen und damit der weiblichen Existenz überhaupt zu leugnen – und sei es nur auf der Metaebene –, halte ich für fatal: Dieser Weg affirmiert Unterdrückung, anstatt Befreiung anzuvisieren.

Doch es wird auch eine andere Utopie laut in den Abhandlungen über weibliche Ästhetik: Da wird von der idealtypischen Schriftstellerin verlangt, sie solle Heldinnen schaffen, mit denen sich die Leserin positiv identifizieren kann. Starke, eindeutige, heroische, ungebrochene Frauenfiguren sollen endlich die Generation der gebrochenen, schwierigen, nicht selten scheiternden Heldinnen der bisherigen Literatur von Frauen ablösen. Diese Forderung aber ist von Literatur nicht einzulösen. Und sie ist auch nicht neu.

Dieser Weg, den Teile der heutigen Frauenbewegung literarisch so gerne gegangen wüßten, wurde schon von anderen gegangen: Von Teilen der proletarischen Bewegung in den 30er, 40er und 50er Jahren – und er führte zum Sozialistischen Realismus. Wir sollten uns wenigstens einen feministischen Realismus ersparen.

Und auch diese, eben skizzierte Betrachtung feministischer Ästhetik arbeitet unhistorisch. Ebenso wäre die Forderung nach großen Heldinnen erst in der Zukunft zu erfüllen. Auch nach diesem Konzept hätte es bislang noch keine idealtypische weibliche Literatur gegeben.

Ich komme also nun auf meine Ausgangsfrage zurück: Ist die Literatur von Frauen eine Moderne ohne Tradition? – Das polemische Fragezeichen signalisiert schon die Antwort: Nein.

Oder genauer: Die Literatur von Frauen ist nicht ohne Tradition. Ob das auf eine weibliche Literatur zutrifft, weiß ich nicht. Denn ich weiß noch immer nicht, was «weibliche Literatur» ist, und ich denke, ich werde es auch nie wissen.

Weiblich, das heißt für mich: den Frauen zugeschrieben und speziell von Frauen auf Grund ihrer speziellen historischen und gesellschaftlichen Situation entwickelt. Nicht mehr und nicht weniger. Diese gesellschaftspolitische Einschätzung ist durchaus auch auf Literatur übertragbar: Ich kann mir nicht vorstellen, daß es jemandem gelingen sollte, aus den Werken von, sagen wir, Anna Seghers, Djuna Barnes, Virginia Woolf, Gertrude Stein, Nelly Sachs und Else Lasker-Schüler eine allen gemeinsame an-sich-weibliche Schreibweise herauszudestillieren.

Was einigen von ihnen tatsächlich gemeinsam ist, das ist ein anderer Umgang mit Frauenfiguren als wir ihn aus der von Männern geschriebenen Literatur gemeinhin kennen. Doch selbst aus dieser Gemeinsamkeit – die keine angeborene, sondern eine gesellschaftlich bedingte ist – fallen eine Anna Seghers und eine Gertrude Stein heraus.

Selbst wenn wir Schriftstellerinnen in einer vergleichbaren Situation als Anhaltspunkt nehmen, geht die einfache Gleichung nicht auf: Frappierend sind zwar die Übereinstimmungen in Metaphern, Syntax und Rhythmus in vielen Gedichten von Else Lasker-Schüler und Nelly Sachs – sie waren ja auch beide Frauen, Jüdinnen und Emigrantinnen,

Verfolgte. Doch auch Anna Seghers ist Frau, Jüdin und verfolgte Emigrantin, und ich konnte bisher noch keine Parallelen zwischen ihrer Prosa und der Lyrik der beiden anderen feststellen.

Doch wenn es auch keine an-sich-weibliche Schreibweise gibt, die alle Schriftstellerinnen aller Sprachen und Epochen verbindet, ja nicht einmal eine, die an allen Zeitgenossinnen einer Sprache bewiesen werden könnte – so gibt es doch eine weibliche Tradition des Schreibens.

Die heutigen Schriftstellerinnen stehen nicht vor einem schwarzen Loch, so wenig, wie die jungen Schriftstellerinnen und Schriftsteller nach 1945. So wenig wie jene sind diese abgeschnitten von der Tradition, oder gar ganz ohne Tradition. Nur: Diese Tradition ist – notgedrungen – jung. Sie beginnt am Anfang dieses Jahrhunderts. Denn die Zeiten zuvor waren Zeiten, in denen Frauen aus bekannten Gründen aus der Literaturproduktion ausgeschlossen waren. Die wenigen, denen es gelang, aus dem Gefängnis des Schweigens auszubrechen, sind seltene und vereinzelte Gestirne, die im Laufe der Jahrhunderte aufleuchten. Doch selbst sie kommen nicht aus dem Nichts – denn wenn das so wäre, hätten sie nicht schreiben können. Eine Troubadoura Beatriz etwa wuchs aus einer Gruppe von adeligen Frauen, die in der Provence, in Navarra und Andalusien Minnelyrik schrieben. Theresa von Avila konnte sich auf eine Tradition weiblicher Mystik stützen. Die Günderode gehörte einem Kreis an, der die Stellung der Frau problematisierte.

Doch es ist kein Zufall, daß die erste große Blüte der von Frauen produzierten Literatur in eine Zeit des Aufbruchs fällt, in eine Zeit der gesellschaftlichen, kulturellen, politischen Umwälzungen: In die Zeit der ersten Moderne. Als das bürgerliche Zeitalter scheinbar zu Ende ging, als es jedenfalls tiefe Sprünge, Brüche, Zusammenbrüche erlitt, entstand auf allen Ebenen Neues: die Zwölftonmusik, die Psychoanalyse, die proletarische Revolution, Fauvismus, Expressionismus, die Frauenbewegung. Die Lyrik sprengte den Reim, die Prosa die Zeitenfolge, die Farbe den Gegenstand, der Halbton die Skala – und die Suffragetten warfen Steine in die Fenster der Abgeordneten, die ihnen das Wahlrecht verwehrten.

In dieser Zeit und noch geprägt von dieser Zeit schrieben Virginia Woolf, Djuna Barnes, Gertrude Stein, Else Lasker-Schüler, Anna Seghers.

Das ist die weibliche Tradition, auf die wir uns heute berufen können. Das ist der Hintergrund, an dem wir uns reiben, vor dem wir uns entwickeln können. Es ist richtig, daß wir Frauen auf keinen Dante, auf keinen Shakespeare und auch auf keinen Cervantes zurückblicken können. Es ist ja auch richtig, daß wir das unterdrückte Geschlecht sind, und unser literarischer Ehrgeiz noch immer bespöttelt, behindert oder uns überhaupt abgesprochen wird.

Doch ich wage zu bezweifeln, daß sich ein heutiger moderner Schriftsteller an Dante oder Cervantes orientiert. Er wird allenfalls noch seinen Flaubert studiert haben. Gut, studieren auch wir Flaubert – und studieren wir unsere Jane Austen! Auch eine Virginia Woolf war sich nicht zu gut dafür. Doch die Quelle, aus der die heutige Moderne schöpft, ist primär die damalige Moderne, und aus dieser Quelle können auch wir Frauen mit vollen Händen schöpfen.

Die Bedingung dafür aber ist, daß die Großen unseres Geschlechts (deren Namen inzwischen kanonartig heruntergebetet werden können) auch tatsächlich gelesen werden. Es findet sich wohl hier und dort in den vielen Abhandlungen zur «weiblichen Ästhetik» ein Verweis auf Virginia Woolf, doch was zitiert wird, ist *Ein Zimmer für sich allein* und nicht etwa *Die Wellen*.

Ich selbst bin als Studentin in eine Germanistik hineingeraten, in der ich lernte, – mit Lukács – die sogenannten Dekadenten zu verachten, bevor ich sie gelesen hatte. Ich berief mich – mit Adorno – auf den Don Quijote, ohne eine Zeile Cervantes zu kennen. Ähnliches beobachte ich jetzt wieder an Studentinnen, aber auch an Theoretikerinnen der Literaturwissenschaften, die sich schriftlich über ein Thema auslassen, von dem ich befürchten muß, daß sie das Original nicht kennen.

Wir hatten damals, an der Universität, einen Professor, der alle Merkmale des reaktionären, autoritären Ordinarius erfüllte. Aber er hatte auch ein Gutes: Er verlangte für jede Prüfung, daß man die Primärliteratur gelesen hatte.

Und so möchte ich denn auch allen Frauen, die sich für Fragen «weiblicher Ästhetik und Literatur» interessieren – sei es aus beruflichen oder persönlichen Motiven –, raten: Lest doch! Lest Virginia Woolfs Romane, lest Djuna Barnes, Anna Seghers, Else Lasker-Schüler, Nelly Sachs, und wie sie alle heißen!

Laßt euch ein auf die Totenklagen und Engelsbeschwörungen der Nelly Sachs. Laßt euch ein auf den ekstatisch hohen Ton der Else Lasker-Schüler. Laßt euch ein auf die feinnervige Psychologie der Virginia Woolf und die atemberaubende Obszönität der Djuna Barnes, auf die zielgenaue, gelassene Prosa der Anna Seghers. Ich behaupte: Da liegen Welten brach. Ihr werdet auf der Suche nach einer Terra incognita entdecken, daß sie bereits bewohnt ist und daß ihre Bewohnerinnen über eine hohe Kultur verfügen!

Nun mag frau oder man natürlich einwenden, das sei zwar alles Literatur von Frauen, aber feministische Literatur sei das nicht. Und das sei schon gar nicht der gesuchte «weibliche Diskurs». All diese Frauen, mit Ausnahme Virginia Woolfs vielleicht, hätten nicht bewußt als Frauen geschrieben. – Doch eine feministische Literatur (im Sinne von Tendenzliteratur etwa) kann es so wenig geben wie eine sozialistische.

Von Anna Seghers, die sich selbst oft an der Grenze zur affirmativen Parteiliteratur bewegte, stammt der Satz: *«Allein durch die Tendenz kann ein schlechtes Kunstwerk zu keinem guten werden.»* Virginia Woolf beharrte darauf, daß der Blick der Schriftstellerin frei sein muß: Sowohl das Lamentieren als auch der Haß verengen ihren Blick. Sie selbst hat alles, was zur weiblichen Sozialisationsgeschichte gehört, die Insignien weiblicher Unterdrückung, die Wunden, an denen literarisch begabte Frauen verbluteten, ehe sie sich an den Schreibtisch setzen konnten, beschrieben: Allerdings in einem theoretischen Essay, in *Ein Zimmer für sich allein.*

Das Thema taucht in allen ihren Romanen wieder auf, variiert, verarbeitet, verflochten – bearbeitet in einem sprachlichen Kunstwerk. Aus *Die Wellen* entsteht ein Pandämonium männlicher und weiblicher Zuschreibungen und Prägungen. Es entsteht aus der Art, in der die drei Frauen und die drei Männer ihre Erinnerungen austauschen, wie sie eine sommerliche Landschaft und einen gedeckten Tisch, einen Wald und ein Interieur wahrnehmen. Wer hier allerdings nach einem klar-feministischen Inhalt sucht, wird in diesen schwierigen, metaphernreichen inneren Monologen scheinbar nichts dergleichen finden.

Nora, eine der Heldinnen in Djuna Barnes *Nachtgewächs,* kann keiner Frau auf der Suche nach einer positiven lesbischen, feministischen Identität weiterhelfen. Scheinbar. Nora ist eine Besessene, eine, die sich ausliefert und dabei da-

117

nach giert, Robin, die Geliebte, zu besitzen. Und doch ist diese Nora ein autonomer Mensch, eine Frau, wie sie in der von Männern geschriebenen Literatur nicht zu finden ist. *«Sie war ihrem Schicksal nach einer jener Menschen, die unversorgt geboren werden und ausschließlich auf eigene Sorge angewiesen sind.»* – Wann wurde das zuvor von einer weiblichen Romanfigur gesagt? Dennoch: Die Hauptfigur dieses Romans ist ein Mann. Das scheint nun Djuna Barnes als feministische Schriftstellerin endgültig zu disqualifizieren. Der Doktor ist es, der alle Handlungsstränge zusammenhält; der Doktor ist es, der die Stichworte gibt und der alle Stichworte aufnimmt; der Doktor erzählt die skurrilsten Geschichten und die Moral von der Geschicht'.

Als aber Nora in ihrer tiefsten Verzweiflung den Doktor mitten in der Nacht in seinem Dachstübchen aufsucht – findet sie eine Frau: Der Doktor liegt auf seinem Bett, angetan mit einem Rüschennachthemd, eine Perücke auf dem Kopf, das Gesicht sorgfältig geschminkt. Nora faßt sich nach erstem Erschrecken schnell wieder: Das ist ihr gerade recht, daß sie hier einen trifft, der auch die Nacht kennt. Der Held von *Nachtgewächs* ist transsexuell, ein Mann mit der Seele einer Frau.

Nelly Sachs klagt in ihren Gedichten um das jüdische Volk, ihr Volk, und um den Geliebten, den die «Jäger», die Nazis, ermordet haben. Noch ihre letzten Gedichte, 20 Jahre nach Auschwitz, beschwören die Asche des toten Geliebten. Kein feministisches Terrain also bei dieser Dichterin, das zu entdecken wäre? Auch hier gilt: Es kommt darauf an, was ich suche.

Da ist eine Frau, die in ihrer maßlosen Anklage alle Grenzen der Sprache sprengt, die den Ton der Propheten ihres Volkes wiederfindet, die den Verbrannten, Gemordeten, Gemetzelten zur Sprache verhilft. Da ist eine Frau, die sich nicht scheut, die Engel und die Planeten aus ihren fernen Welten herbeizuzwingen und ihnen Zungen zu verleihen, das Unaussprechliche zu sagen. Das ist eine Frau, die in einem gewaltigen Gestus alle Formen und Regeln und Ordnungen von Sprache durcheinanderschleudert und – was nur den wenigsten, Frauen wie Männern, gelungen ist: eine neue Sprache schafft.

Ist das nichts, worauf wir stolz sein könnten? Nichts, das uns weiterbringt? Können wir es wagen, diese Frau zu ignorieren, weil sie keine positive weibliche Identifikationsfigur geschaffen hat, weil sie nicht die spezifisch weibliche Unterdrückung thematisiert hat? Es bringt uns ganz sicher nicht weiter, wenn wir uns ständig nur auf die feministischen «Stellen» bei Woolf, Bachmann und Christa Wolf berufen. Um es noch einmal zu betonen: Wir müssen eine Tradition weiblicher, was heißt: von Frauen geschriebener, Literatur nicht erst mühsam nach dem Lehrbuch schaffen. Wir haben sie bereits! Und wir müssen nicht von den heutigen und zukünftigen Schriftstellerinnen eine feministische Literatur einfordern, denn auch die gibt es bereits. Allerdings nicht als Tendenzliteratur, sondern als eine Literatur, die Utopie in sich birgt. Die die nicht eingelösten Sehnsüchte thematisiert, und deren Spannung sich aus den nie gelösten Widersprüchen entlädt. Eine Literatur, die die Grenzen, die Frauen gesteckt sind, kennt, die sie aber nicht erträgt und so einen Sprengsatz legt, der auch bei uns, den Leserinnen und Kritikerinnen, die Sehnsucht weckt, unsere Grenzen zu sprengen.

DAS DURCHGEFALLENE GENIE

Ich hatte einen Verdacht. Ich erzählte einer Freundin davon: «Du bist zu pessimistisch», war ihre Antwort. Ich äußerte ihn vorsichtig gegenüber Kolleg(inn)en: «Du siehst das zu negativ, es sind nicht alle so», war ihre Reaktion. Ich deutete ihn einer jungen (inzwischen bekannt gewordenen) «Nachwuchs»-Autorin dezent an. «Du hast vollkommen recht!» rief sie aus und erzählte mir von hundert Fällen, die meinen Verdacht bestätigten. Ich wollte es nun genau wissen. Und ich wollte es schriftlich haben! – Ich bekam, was ich wollte.

Mein Verdacht: Eine junge, unbekannte Autorin, die ein Manuskript bei einem Verlag einreicht, einfach so, ohne «maßgebliche» Leute zu kennen, hat keine Chance, und sei sie noch so begabt. Und wenn sie genial ist, dann wird man doch wohl dieses Genie erkennen! Oder?

Langsam reifte in mir ein Plan. Ich wollte es mir nicht einfach machen. Die Chance, Qualität als solche zu erkennen, sollte groß sein. Der Plan: Eine Kurzgeschichte von Virginia Woolf unter anderem Namen mehreren deutschsprachigen Verlagen zur Veröffentlichung anbieten. Eine Freundin wettete eine Flasche Sekt pro Verlag mit mir: Sie wollte nicht glauben, daß ein Woolf-Text nicht erkannt oder aber zumindest nicht für gut befunden würde. Sie konnte es sich einfach nicht vorstellen. Qualität setzt sich letztlich doch durch, sagte sie. Ich machte mich an die Arbeit. Es sollte nicht irgendeine Geschichte sein. Auch «Genies» haben schließlich schwache Stunden, und nicht jeder Satz aus einer bekannten Feder ist deswegen unvergleichlich. Ich wählte also sorgfältig und nicht ohne Hintergedanken die Geschichte *Ein ungeschriebener Roman* aus (in Deutsch erschienen im Woolf-Erzählband *Die Dame im Spiegel,* Fischer-Verlag).

Gerade diese Geschichte hat selbst eine Geschichte, und zwar eine literarische und feministische: In ihrem literaturtheoretischen Aufsatz *Mr. Bennett und Mrs. Brown* (erschienen in *Granit und Regenbogen,* Suhrkamp) kritisiert Virginia Woolf drei ihrer bekanntesten zeitgenössischen Schriftstellerkollegen. Sie fingiert für jeden der drei jeweils die Geschichte einer alten Dame, Mrs. Brown, die im Zug von Richmond nach London fährt. Allen dreien unterstellt sie dabei, sie würden zwar die fiktiven Lebens- und Zeitumstände der alten Dame je nach ihrer literarischen Manier darstellen, die Person selbst aber ignorieren. In der Shortstory *Ein ungeschriebener Roman* erzählt nun Virginia Woolf selbst die Geschichte einer alten Dame, «Minnie Marsh», die im Zug von London nach Eastbourne reist.

So ist also gerade diese Kurzgeschichte Virginia Woolfs Versuch der literarischen (und frauenbewußten!) Einlösung ihres literaturtheoretischen Konzepts.

Ich konnte darum zu Recht annehmen, daß *Ein ungeschriebener Roman* nicht nebenbei verfaßt, sondern sorgfältig erarbeitet worden war.

Ich nannte die Geschichte nun *Im Zug,* mich selbst Marlies Rohrlach, die englischen Städtenamen wechselte ich gegen deutsche aus, die auffälligsten Anachronismen (etwa Bänder, die die alte Dame ersteht) ersetzte ich durch Zeitgemäßeres (sie wählt nun zwischen Blusen). Bis auf diese Kleinigkeiten blieb die Geschichte jedoch von A bis Z reinste, unverfälschte Woolf.

Würde Virginia Woolf heute beginnen zu schreiben, wie würden sie reagieren: die großen, etablierten Verlage, die Linken und – die Feministinnen? An alle habe ich geschrieben. Zuerst an die Etablierten, dann an die Linken, dann an die Frauen. Bis auf eine einzige Ausnahme waren die Reaktionen entmutigend bis niederschmetternd.

Natürlich brannte ich am meisten darauf, zu erfahren, was Virginia Woolfs deutscher Hausverlag Fischer von der Kurzgeschichte der «Marlies Rohrlach» halten würde. Ebenso interessierte mich die Meinung des ebenfalls Woolf verlegenden Suhrkamp-Verlages, nicht minder die von Rowohlt, Kiepenheuer & Witsch, Syndikat und Residenz. Auch bei den «Riesen» Bertelsmann und Ullstein wollte ich mein Glück versuchen. Und so schrieb ich ihnen allen meinen hoffnungsvollen Brief: *«Sehr geehrte Damen und Herren, ich bin Studentin, lebe in Frankfurt, und möchte mir aber das Leben nicht durch das Quälen von Schülern schwer machen. Nun denke ich, daß ich mich eher durch Schreiben verwirklichen kann. Ich hatte bereits eine, zwei kleinere Lesungen, und einige meiner Gedichte wurden in einer alternativen österreichischen Literaturzeitschrift veröffentlicht [...]. Da Sie in Ihr Programm auch junge, unbekannte Schriftsteller aufnehmen, wende ich mich mit dieser [wie ich finde, meiner besten] Kurzgeschichte an Sie, und bitte Sie, sie wenigstens aufmerksam zu lesen. [...] Ich kann mir vorstellen, daß Sie Berge solcher Manuskripte auf dem Tisch haben, dennoch bitte ich Sie sehr, mir – auch wenn Sie die Geschichte ablehnen sollten – wenigstens zu schreiben, was Ihre Gründe sind. [...] Natürlich würde ich mich am allermeisten freuen, wenn Sie meine Geschichte verwenden könnten, oder gar noch mehr von mir sehen möchten. [...] Mit herzlichen Grüßen, Marlies Rohrlach.»*

Die erste Absage kam von Syndikat. Immerhin mit der einleuchtenden Begründung, literarische Texte paßten nicht in ihr primär wissenschaftliches Programm. Dann mußte der, literarisch ja nicht unambitionierte, Suhrkamp-Verlag das Manuskript *«leider zurückschicken: Die Möglichkeit der Publikation innerhalb eines unserer Programme sehen wir nicht.»* Eigenartig, hatte doch der Suhrkamp-Verlag einstmals zumindest innerhalb seiner «Bibliothek»-Reihe durchaus die Möglichkeit einer Publikation von Woolf-Texten gesehen...

Als auch der Rowohlt-Verlag absagte, per Formbrief (*«kann Ihnen aber eine Veröffentlichung leider nicht in Aussicht stellen»*), ging ich in mich. Lag es vielleicht doch an der Geschichte? Ich überflog schuldbewußt den Anfang der Woolf-Geschichte: *«Eine so unglückliche Miene genügte schon allein, daß man die Augen über den Zeitungsrand zu dem Gesicht der bedauernswerten Frau hingleiten ließ...»* Nun ja, das mag gestreßte Lektor(inn)en nicht gerade vom Stuhl reißen. Dennoch, gerade das unterscheidet ja Literatur gelegentlich von tagesjournalistischen Texten: daß sie eben nicht auf den ersten Blick «anmacht». Wie langweilig ist doch zum Beispiel Musils Einstieg in *Der Mann ohne Eigenschaften:* Ein nichtendenwollender Wetterbericht. (Ob das den Rowohlt-Verlag damals bewogen hatte, den *Mann ohne Eigenschaften* – erschienen bei Rowohlt – an *Pardon* zurückzuschicken, ebenfalls unter anderem als Musils Namen. Alle hatten abgelehnt.) Ich blieb also dabei.

Es prasselte weitere Absagen. Bertelsmann mußte mir *«leider mitteilen, daß wir keine Möglichkeit für eine Veröffentlichung Ihrer Kurzgeschichte in unserem Programm seben*». Ullstein war wenigstens so freundlich, der Ablehnung einen kleinen Trost hinzuzufügen: *«Sie haben im Falle einer Ablehnung um Angabe von Gründen gebeten – die sind [...] gar nicht inhaltlicher Art. Im Gegenteil, Ihre Geschichte ist ungewöhnlich geschrieben und weckt Interesse beim Lesen.»* Kiepenheuer & Witsch begnügte sich mit einem Formbrief. *«Das Lektorat ist sehr knapp besetzt»*, fügte die Lektorin noch eigens bei. Leider.

Als letzter der etablierten Verlage antwortete Residenz. Nicht zu Unrecht steht der österreichische Verlag im Rufe, einige der wichtigsten zeitgenössischen Autoren entdeckt und als Unbekannte gefördert zu haben. Residenz gab sich immerhin die Mühe, die Geschichte ganz zu lesen. Dr. Jochen Jung kommt dabei zu folgendem Ergebnis: *«Schwer zu sagen, was einen an Ihrer Geschichte ein wenig unbefriedigt läßt. Sie ist intelligent geschrieben; der Rahmeneinfall freilich ist nicht sonderlich originell, das Einer-irgendwer-Nachphantasieren ja auch schon oft versucht – man wartet auf Erstaunendes, Überraschendes, das jedoch ausbleibt. Wir hatten den Eindruck einer Begabung, die vielleicht nicht ihr richtiges Thema gefunden hat.»* Na, immerhin, Virginia. Du darfst noch hoffen...

Und da gibt es ja noch die Linken, die den Anspruch darauf erheben, bewußter mit Literatur umzugehen als die etablierten, «bürgerlichen» Verlage. Ich versuche es also bei den «lieben Genossinnen und Genossen». Ich schreibe an Wagenbach, Rotbuch und den Roten Stern ein Briefchen mit *«solidarischen Grüßen»*, biete auch hier die Geschichte als meine beste an, deute an, es gäbe noch mehr – für eine mögliche Anthologie.

Wagenbach sah *«hier keine Möglichkeit zur Veröffentlichung»*. Der Rote Stern antwortete gar nicht erst. Rotbuch aber gab sich Mühe: Damit die hoffnungsvolle junge Autorin auch genau weiß, woran sie ist, wurde ihr ausgerechnet von Gabriele Dietze (die doch sonst durchaus Sinn für Qualität beweist) folgendes mitgeteilt: *«Um einen eigenen Band herauszugeben, sind mir Deine Geschichten sprachlich nicht genügend durchgearbeitet, auch insgesamt etwas zu ‹blaß›.»* Damit nicht genug. Es kommt noch dicker: *«Zu häufig verwendest Du lange Sätze, deren Inhalt in einer übersichtlicheren Syntax weit flüssiger, auch lebendiger wäre.»* Ach, Virginia, daß du dich aber auch nicht knapper fassen konntest!

Nun, ich gebe die Hoffnung nicht auf. Schließlich bin ich Feministin. Gut, die etablierten Verlage sehen «leider keine Möglichkeit», die linken wollen auch nicht, es sei denn in übersichtlicherer Syntax. Alles Männerverlage!

Was soll's also. Es gibt ja, Göttin sei Dank, auch Verlage in Frauenhand. Ich schicke nun «meine» Geschichte an die Schwestern: an deren größten Frauenverlag, die Frauenoffensive in München, und den (noch) kleinsten, den Medea Frauenverlag von Marockh Lautenschlag und Eve Goldmund in Frankfurt.

Die Antwort der Frauenoffensive läßt auf sich warten. Als sie dann endlich kommt, weiß ich auch, warum. Sie haben gründliche Arbeit geleistet. Frei nach der Devise «Wo wir hinschlagen, wächst kein Gras mehr», antworteten die Schwestern, deren Verlagsprogramm immerhin ein Woolf-Buch *(Drei Guineen)* und ein bekanntes Woolf-Plakat ziert, absolut vernichtend. Und, als wollten sie der Autorin von *Ein Zimmer für sich allein* noch nachträglich eins auswischen, fügten sie der schroffen Ablehnung noch belehrend hinzu: *«Auch als Frau sollte man sich lieber nicht vornehmen, vom Schreiben leben zu wollen, falls man eine*

Schriftstellerin sein möchte.» Ach Virginia, daß das Genie nicht selten bei den Frauen schon an den materiellen Lebensbedingungen scheitert, wußtest du ja. Darum auch deine Forderung nach einem *Zimmer für sich allein* und 500 Pfund im Jahr. Aber daß dereinsten ein Verlag von Frauen für Frauen dich, gerade dich, und ausgerechnet mit dieser Geschichte zum Teufel schicken würde – nein, das hättest du dir sicherlich nicht träumen lassen...

Doch halt. Nun geschah das Unerwartete. Nachdem alle abgesagt hatten, nachdem alle angeschriebenen etablierten wie linken wie frauenbewegten Lektor(inn)en «leider» in ihrem Verlagsprogramm keine Möglichkeit sehen wollten, einen Text von Virginia Woolf alias Marlies Rohrlach zu veröffentlichen, meldete sich eine begeistert! *(«Einige Passagen, z. B. die Stelle mit dem ‹krampfhaften Erschauern› und dem ‹feuchtkalten Huhn› fand ich einfach hinreißend.»)* Marockh Lautenschlag, selbst Autorin und Verlegerin beim Medea-Verlag, schrieb der vermeintlichen Kollegin einen Brief. Damit nicht genug: Sie wollte partout mehr dergleichen lesen.

Virginia Woolf, hätte sie heute gelebt und nicht über die entsprechenden Beziehungen verfügt, hätte also doch publizieren können: In einem kleinen feministischen Verlag, vermutlich nicht sonderlich beachtet von den großen Männer-Feuilletons, milde belächelt von etablierteren Kolleginnen.

Kleider machen Leute. Verlage machen Autoren. Recht gehabt mit meinem Verdacht! Dennoch: Freuen kann ich mich nicht darüber. Denn erstens ist es trist, und zweitens hätte es mir auch passieren können. Wer den ganzen Tag hektisch und «routiniert» Manuskripte liest, kann sich oft nur schwer auf den einzelnen Text einlassen. So ist es leider. Es handelt sich ja auch bei den ablehnenden Kolleg(inn)en nicht nur um literarische Banausen. Aber um das Versagen einzelner geht es nicht alleine. Es geht auch und vor allem um die verselbständigten Strukturen der großen (und kleinen!) Apparate, um die tödliche Wirkung von Routine und darum, daß auch unter «fortschrittlichen» Intellektuellen anscheinend vor allem das System der Protektion funktioniert. Es geht um den Kulturfeudalismus der Technokraten und der linken und feministischen Intelligenz.

Virginia Woolf erzählt in *Ein Zimmer für sich allein* die Geschichte von Shakespeares fiktiver kleiner Schwester, die auch versucht, Schriftsteller zu werden. Sie scheitert kläglich – an den frauenfeindlichen Bedingungen des elisabethianischen Zeitalters. Heute würde Virginia Woolfs kleine Schwester genauso scheitern. Sie müßte sich zwar nicht mehr aus Schande umbringen, aber es wäre gut möglich, daß sie, sensibler als Durchschnittsmenschen, nach der hundertsten Absage aus dem Fenster spränge oder das Schreiben aufgäbe (vor allem, wenn mehrere Absagen den überheblichen Ton dieses Frauenoffensive-Briefes hätten). Wie sagte doch Käthe Trettin von der Frauenoffensive so trefflich? *«So schnell geht's nicht mit der ‹Frauenkultur›.»*

Eine so unglückliche Miene genügte schon allein, daß man die Augen über den Zeitungsrand zu dem Gesicht der bedauernswerten Frau hingleiten ließ – einem ohne diesen Ausdruck nichtssagenden Gesicht, mit ihm jedoch fast einem Sinnbild menschlichen Geschicks. Das Leben ist, was es sie lehrt und was sie zwar, nachdem sie es gelernt haben, zu verbergen trachten, was zu wissen sie aber nie aufhören. Was? Daß das Leben eben so ist, so scheint's. Fünf Gesichter gegenüber – fünf gereifte Gesichter – und das Wissen in einem jeden.

Sonderbar allerdings, wie die Leute das zu verbergen trachten! Kennzeichen von Verschwiegenheit sind in allen diesen Gesichtern: die Lippen geschlossen, die Augen abgeschirmt, tut ein jedes der fünf etwas, um sein Wissen zu verbergen oder zu entkräften. Eins raucht; ein andres liest; ein drittes überprüft Eintragungen in einem Notizbuch; ein viertes starrt auf das gerahmte Bild ihm gegenüber; und das fünfte – das Schreckliche an diesem fünften ist, daß es gar nichts tut. Es betrachtet das Leben. Ah, aber meine arme, unglückliche Frau, Sie müssen mitspielen – verbergen Sie es doch auch, um unser aller willen!

Als hätte sie mich gehört, sah sie auf, rückte ein wenig auf ihrem Platz und seufzte. Sie schien um Entschuldigung zu bitten und gleichzeitig zu mir zu sagen: «Wenn Sie bloß wüßten!» Dann betrachtete sie wieder das Leben. «Aber ich weiß ja», erwiderte ich stumm und blickte anstandshalber in die Zeitung. «Ich weiß alles. ‹Der Krieg zwischen Iran und Irak dauert immer noch an, ein Personenzug stieß gestern in Wanne-Eickel mit einem Güterzug zusammen...› Wir alle wissen's – die Zeitungen wissen's – aber wir tun so, als wüßten wir's nicht.» Meine Augen waren wieder über den Rand der Zeitung geschlichen. Sie erschauerte, zuckte sonderbar mit dem Arm bis zur Mitte ihres Rückens und schüttelte den Kopf. Abermals tauchte ich in mein großes Vorratsbecken von Leben. «Nehmen Sie, was Sie wollen», setzte ich fort, «Geburten, Todesfälle, Eheschließungen, die Gewohnheiten der Vögel, Leonardo da Vinci, niedrige Löhne und die Lebenshaltungskosten ach, nehmen Sie, was Sie wollen», wiederholte ich, «es steht alles in der Zeitung.» Abermals bewegte sie, unendlich überdrüssig, den Kopf von einer Seite zur andern, bis er, gleich einem ermatteten Kreisel, auf ihrem Hals zur Ruhe kam.

Die Zeitung war kein Schutz gegen solchen Kummer wie den ihren. Aber die Anwesenheit andrer ließ keine Mitteilsamkeit aufkommen. Das Beste, was man gegen das Leben tun konnte, war, die Zeitung so zusammenzufalten, daß sie ein vollkommenes Quadrat bildete, ein steifes, dickes, sogar für das Leben undurchdringliches. Dies getan, blickte ich nun mit einem eignen Schild bewaffnet schnell auf. Sie durchdrang mein Schild; sie sah mir in die Augen, als suchte sie in ihnen auch noch den geringsten Bodensatz von Mut und dämpfte ihn zu Lehm. Ihr Zucken allein verneinte schon jede Hoffnung, vernichtete jede Illusion.

So ratterten wir durch Bayern und über die Grenze nach Baden-Württemberg hinein. Aber die Augen aufs Leben gerichtet, hatte ich nicht bemerkt, daß die anderen Mitreisenden einer nach dem andern ausgestiegen waren, bis wir, ausgenommen den Mann, der las, miteinander allein waren. Soeben kamen wir nach Ulm. Langsam fuhren wir den Bahnsteig entlang und hielten. Würde er uns allein lassen oder nicht? Ich wünschte mir beides – zuletzt, daß er bleibe. In diesem Augenblick raffte er sich auf, knitterte die Zeitung verachtungsvoll zusammen wie etwas Abgetanes, stieß die Tür auf und ließ uns allein.

Die unglückliche Frau neigte sich ein wenig vor, und matt und farblos sprach sie mich an – redete von Bahnhöfen und Ferien, von Brüdern in Esslingen und der Jahreszeit, die, ich habe es nun vergessen, vorgeschritten oder zurückgeblieben war. Aber als sie schließlich aus dem Fenster blickte und, das wußte ich, nichts als das Leben sah, seufzte sie: «Wegzusein – das ist der Nachteil davon». Ah, nun näherten wir uns der Katastrophe! «Meine Schwägerin» – die Bitterkeit ihres Tuns war wie Zitrone auf kaltem Stahl, und nicht mit mir, sondern mit sich selbst redend, murmelte sie: «Unsinn, würde die sagen – das sagen sie nämlich», und währenddessen rückte sie unruhig hin und her, als wäre die Haut auf ihrem Rücken wie die eines gerupften Huhns im Schaufenster einer Geflügelhandlung.

«Oh, diese Kuh!» unterbrach sie sich nervös, als hätte die große holzsteife Kuh auf der Wiese sie entsetzt und so vor einer indiskreten Bemerkung bewahrt. Dann erschauerte sie, und dann machte sie wieder diese unbeholfene eckige Bewegung, die ich vorhin bemerkt hatte, als brannte oder juckte sie nach dem krampfhaften Erschauern eine Stelle zwischen den Schulterblättern. Dann sah sie abermals aus wie die unglücklichste Frau auf Erden, und wieder machte ich ihr Vorwürfe, obzwar nicht mit der gleichen Überzeu-

gung, denn wenn es einen Grund gab, und ich denselben wüßte, wäre dem Leben das Stigma genommen.

«Schwägerinnen» – sagte ich. Ihre Lippen kräuselten sich, als wollte sie Gift auf das Wort spucken. Und gekräuselt blieben sie. Aber sie tat weiter nichts, als ihren Handschuh zu nehmen und energisch eine Stelle der Fensterscheibe zu reiben. Sie rieb, als wollte sie etwas für immer wegreiben – einen Fleck, eine untilgbare Beschmutzung. Tatsächlich verblieb der Fleck trotz all ihrem Reiben, und sie sank zurück, mit diesem Erschauern und dem Zucken des Arms, das zu erwarten ich schon gewohnt war.

Etwas trieb mich, mein Taschentuch zu nehmen und mein Fenster zu reiben. Auch hier war ein kleiner Fleck auf der Glasscheibe. Trotz all meinem Reiben verblieb er. Und dann durchfuhr dieses krampfhafte Erschauern mich; ich bog den Arm nach hinten und zupfte mich mitten am Rücken. Auch meine Haut gab mir das Gefühl der Haut des feucht-kalten Huhns im Schaufenster der Geflügelhandlung; eine Stelle zwischen den Schultern juckte und irritierte mich, gleichsam klamm und wund. Konnte ich die erreichen? Verstohlen versuchte ich's.

Sie sah mich. Ein unendlich ironisches, unendlich kummervolles Lächeln huschte über ihr Gesicht und verschwand. Doch sie hatte sich mitgeteilt, ihr Geheimnis jemandem mitgeteilt, ihr Gift weitergegeben; sie würde nichts mehr sagen...

Marlies Rohrlach alias Virginia Woolf

NELLY SACHS: DER TOD WAR MEIN LEHRMEISTER

«Nelly Sachs, geboren am 10. Dezember 1891 in Berlin. Am 16. Mai 1940 als Flüchtling mit meiner Mutter nach Schweden gekommen. Seit 1940 in Stockholm wohnhaft, als Schriftstellerin und Übersetzerin tätig.» Mit diesen knappen drei Sätzen skizzierte die deutsch-jüdische Nobelpreisträgerin für Literatur kurz vor ihrem Tod ihr Leben. Viel mehr hatte sie nie über sich sagen wollen. *«Mich beunruhigt es sehr, zu denken, daß man sich mit meinem privaten Leben beschäftigen könnte»*, schrieb sie an ihren Biographen, den schwedischen Professor Walter A. Berendsohn.

Und als er darauf bestand, mehr über Nelly Sachs' Jugend zu erfahren, wies sie ihn zurecht: *«So tief dankbar ich immer wieder bin für das tiefe verständnisvolle Interesse, das du meiner Arbeit entgegenbringst, so bestimmt muß ich wiederholen, daß ich ein Letztes und Innerstes für mich behalten werde.»* Als Nelly Sachs als Flüchtling vor dem nationalsozialistischen Terror nach Schweden kam, war sie bereits 48 Jahre alt – 48 Jahre, die sie in Geheimnis hüllte. Nicht aus Koketterie, nicht auf eigene Memoiren schielend. Eitelkeit war ihr völlig fremd. Sie schwieg wohl eher aus Gründen der Selbsterhaltung. Nelly Sachs hatte für ihre Rettung vor dem Vernichtungslager mit Verzweiflung bis zum Wahnsinn bezahlt. Sie ahnte, daß der Preis für das Reden über ihr «Letztes und Innerstes» zu hoch war.

Mit dem letzten Flugzeug aus Berlin landeten Nelly Sachs und ihre 68jährige Mutter Margarete Sachs in der schwedischen Hauptstadt, ausgestattet mit einer Handtasche und zehn Mark Bargeld. Die beiden Frauen gingen zur Aufnahmestelle der jüdischen Gemeinde, die ihnen ein Notquartier zuwies. Zeitweise wohnten sie bei einem schwedischen Brieffreund, schließlich in einem für Flüchtlinge geräumten jüdischen Kinderheim. Nelly Sachs war so klein, daß sie problemlos in das Kinderbett paßte.

Erst nach drei Monaten im Provisorium erhielten Mutter und Tochter Unterkunft in einem Haus der jüdischen Warburg-Stiftung, Bergsundstrand 23. Der schwedische Dichter Sivar Arnér, ein Mitbewohner, beschrieb die kalte, nordseitige Wohnung, in der die beiden Frauen nun sieben Jahre lang lebten: *«Es ist ein fünfstöckiges Mietshaus mit sechs oder sieben Wohnungen auf jedem Stockwerk. Die meisten von ihnen beherbergen Flüchtlinge aus der Zeit des Nazismus. Ihre Wohnung war nur ein Zimmer groß und hatte jenseits der kleinen Küche nichts weiter als einen vier, fünf Quadratmeter großen Winkel als Arbeitsplatz.»* Es waren die Bedingungen, unter denen Zigtausende von Flüchtlingen auf der ganzen Welt überleben mußten. Nelly Sachs wußte das, und sie war dankbar, daß sie das Leben der Mutter hatte retten können. Sie selbst, schrieb sie später an eine Freundin, wäre lieber dageblieben.

Nelly Sachs war entkommen, aber nicht unverletzt. Mehrmals hatte sie die Gestapo abgeholt und brutal verhört. Über das, was bei diesen Verhören geschah, schwieg sie ihr Leben lang. Sie sagte auch nicht, warum sie in die Folterkeller verschleppt wurde. Nur einmal, in einem kleinem autobiographischen Text mit dem Titel *Leben unter Bedrohung* deutet sie etwas an: *«Zeit unter Diktat. Wer diktiert? Alle! Mit*

Ausnahme derer, die auf dem Rücken liegen wie die Käfer vor dem Tod. Es kamen Schritte. Starke Schritte, Schritte, in denen das Recht sich häuslich niedergelassen hatte. Schritte stießen an die Tür. Sofort sagten sie, die Zeit gehört uns. Die Tür war die erste Haut, die aufgerissen wurde. Dann fuhr das Trennungsmesser tiefer.» Das Trennungsmesser. Es steht hier nicht nur als Metapher für Unsagbares. Es weist auch auf einen realen Vorgang: Anfang April 1940 wird Nelly Sachs zusammen mit ihrem Freund auf dem Berliner Steinplatz von der Gestapo verhaftet. Sie verliert nach diesem Verhör für fünf Tage die Stimme. Der Geliebte wird abtransportiert. Wer dieser Geliebte war, wie er hieß, was für einen Beruf er hatte, warum man ihn nach dem Verhör nicht mehr freiließ – all das ist unbekannt. Er ist das große Geheimnis, das Rätsel, dessen Lösung Nelly Sachs nie zuließ.

Um die «Gebete für den toten Bräutigam» kreist ihr erster Gedichtzyklus: In den *Wohnungen des Todes*. Ihn beschwört sie auch noch in ihren allerletzten Texten, den Zyklen *Glühende Rätsel* und *Die Suchende*. Diese Beziehung, in die das Trennungsmesser fuhr, war eine heimliche Liebe. 32 Jahre lang trafen sich Nelly Sachs und ihr «Bräutigam», ohne daß ein Mensch, mit Ausnahme der Mutter, davon wußte. Es war eine seltsame Romanze, wie aus dem 19. Jahrhundert, die sich da in der Zeit der flotten 20er Jahre im Sündenbabel Berlin abspielte.

Nelly Sachs wuchs als einziges Kind ihrer Eltern in einem Haus mit Garten im gutbürgerlichen Berliner Tiergarten-Viertel auf. Der Vater war Fabrikant. Das Kind Leonie, Nelly genannt, will Tänzerin werden. 1903 tritt die Elfjährige in die private Töchterschule Aubert ein. Sie schließt 1908 mit dem sogenannten «Einjährigen» ab. Das genügt für höhere Töchter, an ein Studium dachte niemand. Es stand fest, daß das

135

Mädchen zu Hause bleiben sollte, vermutlich, bis sich der Richtige fand.

Es fand sich aber der Falsche. 1908, gerade 17 Jahre alt, lernt Nelly Sachs den Mann kennen, den sie später in ihren Gedichten den «Bräutigam» nennt. Die Lyrikerin Hilde Domin, die mit Nelly Sachs befreundet war, berichtete 1979 in der Zeitschrift *Text und Kritik: «Bei einem Aufenthalt im Ausland, 1977, traf ich durch Zufall auf einen nahen Anverwandten der, wie wir alle glaubten, mit ihrer Mutter ganz alleine auf der Welt dastehenden Nelly Sachs. Kaum erfuhr ich die so nahe Verwandtschaft, da fragte ich sofort, wegen der Gestapo-Verhaftung, und auch wegen des geliebten Mannes. In der Tat stimmt, was ich der ‹Suchenden› entnahm: beide wurden gemeinsam verhaftet. Nelly Sachs hatte diesen Mann nicht heiraten dürfen, weil er geschieden war, und ihr Vater als orthodoxer Jude das ablehnte.»* Aus ihren Andeutungen, Dementis und lyrischen Bildern wird die Legende Nelly Sachs gebastelt. Und die lautet so: *«Nelly Sachs wurde 1891 in Berlin geboren. Sie stammte aus einem vermögenden deutsch-jüdischen Haus, in dem Goethe und Beethoven größere Autorität besaßen als Moses und Jesaia. Man schickte sie auf eine vornehme Töchterschule. Ein Rabbiner gab ihr Privatstunden im Judaismus, aber der Jesus ihrer Schule gab ihr mehr. Was Antisemitismus war, wußte sie nicht. Sie war klein von Wuchs, hatte große, braune, vorgewölbte Augen und schwarzes Haar. Da sie das einzige Kind war, wachte man sorgfältig über ihr Wohl und verwöhnte sie. Als Kind besaß sie eine Zeitlang ein zahmes Reh im Garten der Stadtvilla. Die ersten 40 Jahre ihres Lebens war sie ohne viel Kontakt zur – wie man es so nennt – Wirklichkeit. Sie bereitete sich nicht auf einen Beruf vor und erlebte die Liebe nur als Schwärmerei auf Abstand und in*

schwindelnder Sehnsucht.» Soweit die Idylle, die Olaf La-
gercrantz, Chefredakteur der Stockholmer Tageszeitung
Dagens Nyheter, anläßlich von Nelly Sachs' Tod zeichnete.
Dieser Nachruf, der immerhin im Feuilleton der *Zeit* erschien, beruht außer auf latentem Antisemitismus vor allem
auf der Phantasie des Autors. Nelly Sachs hatte sich schon
Anfang 1959 gegen solche Romantisierungsversuche gewehrt. An ihren Biographen Walter A. Berendsohn schrieb
sie: *«Es lag ein tieftragisches Schicksal über uns daheim,
und nur die Größe meines Vaters und die innige Liebe
meiner Mutter taten das ihre, daß unser Leben nicht ganz
verdunkelt floß. Also lieber Walter – alles ganz entfernt von
einem ruhigen Bürgerheim.»* Nelly Sachs führte ein Doppel-
leben. Sie war die liebendeTochter, die den kranken Vater
bis zu seinem Tode, 1930, pflegte.

Und sie war die heimlich Liebende. Sie schrieb harmlose,
konventionelle Legenden und Balladen. Und sie schrieb
Gedichte über ihr verbotenes, verborgenes Leben (Gedichte, die sie später verbrannte). Ein Band mit ihren Legenden
und Erzählungen erschien 1921 im Verlag F. W. Mayer in
Berlin. Im November 1921 schickte sie ein Exemplar an Selma Lagerlöf, die sie verehrte, seit sie als 15jährige Gösta
Berling gelesen hatte. Auf diesen ersten Kontakt folgte eine
sporadische Korrespondenz, die später mit beitragen sollte
zu Nelly Sachs' Rettung ins Fluchtland Schweden.

Nach dem Tod des Vaters ziehen Nelly Sachs und ihre
Mutter in eines der geerbten Miethäuser in der Lessingstra-
ße. Nelly Sachs verwaltete die Häuser und die Finanzen des
Zwei-Frauen-Haushalts.

Sie freundet sich mit Helene Herrmann an, der Frau des
Germanisten und Theaterwissenschaftlers Max Herrmann.
In diesem Kreis von literaturbegeisterten Frauen, die die

Romantiker und Stefan George lesen, verkehrt nun Nelly Sachs regelmäßig, gemeinsam mit zwei ihrer engsten Freundinnen, Gudrun Harlan und Vera Lachmann. Sie veröffentlicht ab und an ein Gedicht in den großen Zeitungen der Weimarer Republik, in der *Vossischen Zeitung,* im *Berliner Tageblatt.* Doch das neue Talent, das man gerade zu entdecken beginnt, wird schnell wieder zurückgepfiffen. Es fehlt ihr neuerdings die Voraussetzung, um weiter in deutschen Zeitungen publizieren zu können: Es fehlt ihr die Zugehörigkeit zur arischen Herrenrasse.

In die Lessingstraße zieht ein neuer Mieter ein: Paul Hoffmann, der spätere Lagerkommandant von Majdanek. Er macht den beiden Frauen, Nelly Sachs und ihrer Mutter, das Leben zur Hölle, verfolgt sie mit Drohungen, erpreßt sie um die Miete. Nelly Sachs beginnt, an Flucht zu denken. Doch es ist nicht einfach, aus dem Land der Henker zu entkommen. Es ist fast schon zu spät.

Der Krieg hat bereits begonnen. Kein Land der Erde will mehr die Flüchtlinge aufnehmen. Gudrun Harlan, Nelly Sachs' beste Freundin, macht sich auf den Weg nach Schweden, um Selma Lagerlöf um Hilfe zu bitten. Sie kann als «Arierin» zwar reisen, doch sie muß ihre Möbel verkaufen, um die Fahrt zu finanzieren. Nelly Sachs und ihre Mutter besitzen inzwischen nichts mehr, die Häuser sind «arisiert». Gudrun Harlan dringt bis zur schwerkranken Lagerlöf vor, schildert ihr die Lage und erreicht erst einmal nicht viel. Doch sie gibt nicht auf und schafft es, eine Befürwortung des Bruders des schwedischen Königs, Prinz Eugen, zu organisieren. Damit kann sie zumindest ein Transitvisum für die Vereinigten Staaten ergattern.

Die zweite Freundin, Vera Lachmann, die in die USA emigriert ist, springt nun ein. Aber Schweden verlangt eine

Kaution von 200 Kronen. Das deutsche Reich allerdings gestattet nur die Ausfuhr von fünf Reichsmark pro Person. Schließlich hinterlegen die Jüdische Gemeinde in Stockholm und ein Verleger die nötige Summe. Nelly Sachs, inzwischen wiederholt von der Gestapo verhaftet, wird noch einmal freigelassen – auf Zeit. Da treffen an ein und demselben Tag der Gestellungsbefehl für den Abtransport und das Transitvisum aus Schweden ein.

Mit der letzten Maschine aus Berlin, die noch Stockholm anfliegt, landen Nelly und Margarete Sachs auf schwedischem Boden. Die 200 Kronen pro Monat, die die beiden Frauen als Unterstützung erhalten, reichen zum Leben nicht aus. Nelly Sachs arbeitet als Übersetzerin für das Komitee für demokratische Aufbauarbeit. Sie beginnt, schwedische Lyrik ins Deutsche zu übertragen. Zeitweise arbeitet sie als Wäscherin. Die Mutter reagiert auf den überstandenen Terror mit schwerer Krankheit, sie braucht Tag und Nacht Pflege. Die kalte, dunkle und enge Wohnung verschlimmert ihren Zustand, doch es ist kein Geld da, um umzuziehen. 1943 dringen die Nachrichten aus den Vernichtungslagern nach Schweden. Nelly Sachs erfährt vom Abtransport der Berliner Juden. Sie erfährt auch, daß Gertrud Kolmar, mit der sie sich in den letzten Berliner Jahren angefreundet hatte, mit einem dieser Transporte nach Auschwitz verschleppt wurde. Namen werden bekannt, Namen von Familienangehörigen, von Freundinnen und Freunden, auch Helene Herrmann ist unter den Ermordeten. Und der Geliebte, der Bräutigam. Nelly Sachs beginnt zu schreiben, um zu überleben. «Der Atem bleibt mir fort», erklärt sie später, «Schreiben war, wie Luft holen.» Die Lyrikerin Nelly Sachs wird im Alter von 52 Jahren geboren. «Der Tod», schrieb sie einem Freund, «der Tod war mein Lehrmeister.» Ihr erster Gedichtband In den

Wohnungen des Todes erschien auf Vermittlung von Johannes R. Becher 1947 im Ostberliner Aufbau Verlag. Im Westen interessiert sich niemand für diese Art von Literatur. Der kalte Krieg tut sein Übriges, um einen Nachdruck im Deutschland des Wiederaufbaus zu verhindern. Nelly Sachs' zweites Buch, *Sternverdunkelung,* wird 1949 vom Berman-Fischer-Verlag, damals noch in Amsterdam und Wien, herausgegeben. Ein Emigrantenverlag druckt die Lyrik der Emigrantin. In einem jüdischen Verlag erscheinen die Gedichte über die Vernichtung des jüdischen Volkes. Deutsche Leser finden sie nicht. Die Auflage wird, wie auch Paul Celans *Sand in den Urnen,* eingestampft.

Es soll noch fast zehn Jahre dauern, bis die Propheten ein Ohr in der Bundesrepublik der Globkes finden. Inzwischen stirbt die Mutter, Nelly Sachs bricht zusammen. Freunde schenken ihr das Buch *Sohar, das heilige Buch der Kabbala.* Die jüdische Mystik ist ihr nicht fremd, sie hat schon Bubers chassidische Schriften gelesen. Im *Sohar* findet sie nun «*viel bestätigte Träume*». Sie überwindet die Krise, beginnt wieder zu schreiben.

Die Geldsorgen werden unerträglich, und nicht einmal ihr Aufenthalt ist länger garantiert. Die schwedische Regierung lehnt ihren Antrag auf Einbürgerung zweimal «wegen ungesicherter sozialer Verhältnisse» ab. Auch politische Gründe spielen eine Rolle. Ihr erstes Buch ist in Ostberlin erschienen, zwei Schauspieler, die in Stockholm Nelly-Sachs-Gedichte vortrugen, werden des Kommunismus verdächtigt. Auch der dritte Versuch, die Staatsbürgerschaft zu erhalten, droht zu scheitern. Nelly Sachs resigniert: *«Ach ihr Lieben, wenn sie mich durchaus nicht haben wollen, müssen sie es lassen. Die kurze Zeit, die mir noch beschieden ist, kann ich auch ohne welche Staatsangehörigkeit verleben.»*

Erst als ein reicher Industrieller – begeisterter Nelly-Sachs-Leser – für sie bürgt, erhält sie 1952 endlich die Einbürgerung.

Sie hat sich inzwischen einen Namen gemacht als Übersetzerin schwedischer Lyrik. Offiziell wird sie für ihre «kulturelle Leistung» beglückwünscht und hat immer noch keinen Verleger in der Bundesrepublik: *«An die deutsche Sprache gebunden hat man als jüdischer Mensch nicht viel Aussicht.»* Endlich, 1957 veröffentlicht Alfred Andersch in der Literatur-Zeitschrift *Text und Zeichen* vier Gedichte von Nelly Sachs. Der Bann ist gebrochen. Die neue Autorengeneration meldet sich bei der Unbekannten in Schweden. Paul Celan schreibt ihr begeistert aus Paris und vermittelt Nelly-Sachs-Gedichte an die mehrsprachige Literatur-Zeitschrift, *Botteghe Oscure* in Rom, zu deren Mitarbeiter(inne)n Ingeborg Bachmann gehört. Auch sie reagiert prompt. Heinrich Ellermann gibt nun den Zyklus *Und niemand weiß weiter* heraus. Nelly Sachs taucht erstmals wieder auf dem deutschen Büchermarkt auf.

Den entscheidenden, letzten Anstoß für Nelly Sachs' Bekanntheit in der Bundesrepublik gibt dann Hans Magnus Enzensberger. Er setzt sich entschlossen und kompetent als Lektor und Promoter für sie ein. 1959 erscheint ihr neuester Lyrik Band *Flucht und Verwandlung* in der Deutschen Verlagsanstalt. Im Mai 1960 wird sie von der Stadt Meersburg eingeladen, den Droste-Preis entgegenzunehmen.

Nelly Sachs ist nun 70 Jahre alt. Sie hat gut 20 Jahre Exil, Einsamkeit, Anonymität, extreme Armut und extreme Arbeit hinter sich. Nun, als sich der Erfolg abzuzeichnen beginnt, als die Einsamkeit durchbrochen wird von öffentlichen Ehrungen und privaten Besuchen von begeisterten Leserinnen und Lesern – nun holt die Vergangenheit sie ein. An die

Freundin Ilse Pergament schreibt sie am 10. Mai 1960, kurz vor der Abfahrt, in Panik: *«Meine Wohnung war das Telegraphzentrum mit Morsezeichen und allen Finessen. Ich habe versprochen, darüber zu schweigen, und werde es auch tun. Aber diese Wohnung ist mir ein solcher Schrecken geworden, daß ich darin nicht mehr verbleiben kann.»* Nelly Sachs wohnt immer noch im Haus der Warburg-Stiftung. Nach sieben Jahren «Dunkelhaft» in dem kleinen, kalten Zimmer konnte sie mit ihrer Mutter in eine etwas größere Wohnung umziehen, die heller war und an der Sonnenseite lag. Nun glaubte sie, in der Wohnung über ihr hätten sich Neonazis eingerichtet, um sie zu terrorisieren. Sie fährt trotzdem nach Meersburg – die erste Reise nach Deutschland seit der Flucht. Nach ihrer Rückkehr wird Nelly Sachs in die Psychiatrische Klinik eingeliefert und von dort in das Nervensanatorium Beckomberga überwiesen. Hier verbringt sie gut zwei Jahre, gefoltert von ihren Halluzinationen und von den Elektroschocks, mit denen man sie zu heilen versucht.

Die Beherrschung ist zusammengebrochen. Die Tapferkeit konnte nicht mehr standhalten. Nelly Sachs wurde nicht wahnsinnig. Sie konnte sich gegen die Realität nicht mehr wehren. Nicht gegen die der Vergangenheit und nicht gegen die der Zukunft. Doch als sie eingeliefert wurde, gab es noch keine Antipsychiatrie, und die Plädoyers gegen die Folter durch Elektroschocks waren noch nicht geschrieben.

Nelly Sachs versuchte auch hier, in der Hölle, standzuhalten, indem sie schrieb. In dem Gedicht Nacht der Nächte verarbeitet sie den Terror der Erinnerungen und den der Schocktherapie. Den Freunden Margaretha und Bengt Holmquvist schreibt sie: *«Nun aber in der letzten Woche wurde der Höhepunkt genaht: Überall begegnete ich der ro-*

ten Hieronymus Bosch-Farbe – Blut – Blut – jedes Auto –
jedes Motorrad, Gartengeräte – auf der Bank, alles rot. Daß
ich dieses überlebt habe, übersteigt alle Grenzen. Ja, meine
lieben Freunde, ich habe gedacht – die Gaskammer hat
wohl 20 Minuten gedauert – aber dieses hier seit so vielen
Jahren.» Als fast alle anderen vergessen hatten, was nicht zu
vergessen ist, fiel das ganze Grauen noch einmal über die
«Todentrissene» her. Nelly Sachs litt unter einem Überlebens-
Syndrom. Sie konnte zwar überleben. Aber sie konnte nicht
leben mit dem Wissen um die Toten und die Qualen, die sie
erlitten hatten, bevor sie ins Gas geschickt wurden. Sie hatte
den Bildern, die sie überfielen, ihre Lyrik abgerungen, doch
der Preis war hoch.

Und es ging ja weiter: Sie verfolgte in der Psychiatrie den
Eichmann-Prozeß. Sie las die Zeugen-Berichte über die
Greueltaten des Lagerkommandanten Höss, der den Müttern
die Kinder vom Arm genommen und sie lachend in die
Flammen geworfen hatte. Sie hatte die eigenen Erfahrungen
in den Folterkellern der Gestapo nie aufarbeiten können.
Und direkt um die Ecke ihrer Wohnung befand sich zeitweise das Stammlokal schwedischer Neonazis – in Wirklichkeit, nicht in ihrer Phantasie.

> «Immer wieder neue Sintflut
> mit den herausgefolterten Buchstaben
> die an der Angel redenden Fische
> im Skelett des Satzes
> die Wunde lesbar zu machen.»

1961 erscheint bei Suhrkamp der Sammelband *Fahrt ins
Staublose,* betreut von Hans Magnus Enzensberger. Alle bis
dahin entstandenen Gedichte Nelly Sachs' sind darin ent-

halten, auch der Zyklus *Noch feiert Tod das Leben,* den sie sich gerade in der Psychiatrie abgerungen hat.

Der Durchbruch in der Bundesrepublik ist nun endgültig geschafft! Zumindest bei den Kolleginnen und Kollegen, die erkennen, was da aus Schweden ankam: Eine Lyrik, die im wahrsten Sinne des Wortes unvergleichlich ist.

Nelly Sachs ist Altersgenossin von Werfel und Goll, eine jüngere Schwester der Else Lasker-Schüler. Sie nimmt Momente des Expressionismus, den sie zur Zeit seiner Aktualität ignoriert hatte, wieder auf, mit einem neuen Feuer, das nur sie entzünden konnte. Bilder aus den Gedichten Else Lasker-Schülers tauchen bei ihr auf – Bilder aus der Bibel, aus der jüdischen Welt, die in Europa vernichtet wurde.

Nelly Sachs' Lyrik benennt die Realität der Gegenwart, die Krematorien und Gaskammern, die industrielle Vernichtung von Millionen. Sie schreibt die Choreographie des tödlichen Tanzes von Jägern und Gejagten. Sie zeichnet die staubigen Wege der Flüchtlinge nach, den Rauch aus den Schornsteinen. All das gelingt ihr in einer einzigartigen Verbindung von nackten Fakten und mystischer Sprache.

Sie läßt die 36 Gerechten durch ein zerstörtes Stettel in Polen ziehen. Sie stellt die Erzengel auf als flammende Wächter an den Toren, die zur Rampe führen. Sie holt den Cherub vom Himmel als Wächter gegen das Vergessen:

> «In der Tiefe des Hohlwegs
> Zwischen Gestern und Morgen
> Steht der Cherub
> Mahlt mit seinen Flügeln die Blitze der Trauer
> Seine Hände aber halten die Felsen auseinander
> Von Gestern und Morgen

Wie die Ränder einer Wunde
Die offen bleiben soll
Die noch nicht heilen darf.»

Celan, Bachmann, Enzensberger, Andersch, Kaschnitz verstehen, was sie da lesen. Als sich die Gruppe 47 1964 im schwedischen Sigtuna trifft, ist Nelly Sachs als Ehrengast geladen.

Andere lesen ihre Gedichte als Worte der Versöhnung. Sie wird zur Wiedergutmachungsheiligen stilisiert. Anstatt sich mit der jüngsten Vergangenheit auseinanderzusetzen, stellt man sich Nelly Sachs in den Bücherschrank – und fühlt sich als guter Mensch. 1965 wird ihr – als erster Frau – der Friedenspreis des Deutschen Buchhandels verliehen. Sie reist noch einmal nach Deutschland, nach Frankfurt. Gerade hat sie sich ein bißchen gefangen. Seit gut zwei Jahren kann sie, aus der Psychiatrie entlassen, wieder in ihrer kleinen Wohnung leben. Sie wiegt 42 Kilo. Die Berichterstatter geraten in Verzückung über das zarte, kleine, mädchenhaftscheue Wesen, das da in seinem zu großen Stuhl sitzt. Bundespräsident Lübke ist sich nicht zu blöd, ihr dafür zu danken, daß sie trotz erlittenen NS-Unrechts *«treu zu ihrer Heimat»* stehe. In der Begründung der Jury heißt es, der Preis werde ihr verliehen für *«Werke der Vergebung, der Rettung, des Friedens»*. Man sieht nicht, daß sie zu erschöpft ist für den Haß.

Hans Magnus Enzensberger schreibt: *«Nelly Sachs ist die letzte Dichterin des Judentums in deutscher Sprache, und ihr Werk ist ohne diese königliche Herkunft nirgends zu begreifen.»* Für die Presse und die Öffentlichkeit wurde sie nach einem Wort ihres Biographen Berendsohn zur *«Dichterin jüdischen Schicksals»*.

145

Am 10. Dezember 1966, am Tag ihres 75. Geburtstages, erhält sie den Nobelpreis für Literatur, zusammen mit dem israelischen Schriftsteller Josef Agnon.

Der *Spiegel* berichtet die Tatsache, notiert ein paar Lebensdaten, nicht ohne spöttischen Unterton, um dann lang und breit – und ernsthaft – auf den männlichen Preisträger einzugehen. Die gesamte bundesdeutsche Presse verhält sich ähnlich. Auf dem Höhepunkt ihres Weltruhmes wird Nelly Sachs in der Bundesrepublik schon wieder ignoriert. In allen Sprachen erscheinen ihre Werke, ihre dramatischen Arbeiten werden inszeniert, vertont, kommentiert, von New York über Paris bis Tel Aviv. In der Bundesrepublik melden die Zeitungen 1972, als Heinrich Böll den Nobelpreis für Literatur erhält: Der erste Deutsche seit Hermann Hesse!

Selbst ein Jahr nach dem Nobelpreis, als die SPD/FDP-Fraktion im Berliner Senat vorschlägt, Nelly Sachs zur Ehrenbürgerin zu machen, stellt sich die CDU-Fraktion dagegen: Sie habe sich *«nicht in einem solchen Maße um die Stadt verdient gemacht, daß eine Ernennung zum Ehrenbürger gerechtfertigt wäre»*.

Noch einmal fallen die Jäger über Nelly Sachs her, noch einmal muß sie nach Beckomberga in das Sanatorium. Ihre letzten beiden Gedicht-Zyklen nennt sie *Glühende Rätsel* und *Die Suchende*. Es sind Vier- und Sechszeiler, zu äußerster Knappheit und Intensität konzentriert. Rätsel, Codes, Traumbilder, Alptraumskizzen. Der Vergleich mit Kafka trifft hier zu wie bei keinem ihrer früheren Gedichte. Sie sei zu schwierig, heißt es denn auch. Ein von identitätsstiftender Betroffenheitslyrik verwöhntes Publikum, gewohnt, in Kurzzeilen zerhackte Prosa als Gedichte zu konsumieren, ist nicht bereit, sich die Mühe einer ernsthaften Auseindersetzung zu machen.

Die Spätgeburten fühlen sich bereits in der Gnade. 1984, anläßlich des Erscheinens der Briefe von Nelly Sachs, schrieb Paul Kersten in der Zeit: *«Sie war schutzlos, sie hat sich nicht wehren können gegen die professionellen Vergangenheitsbewältiger, die ihr schon zu Lebzeiten beweihräuchernde Nachrufe widmeten. Heiligsprechung als bequeme Methode, eigene Schuldbeklemmung gegenüber einer deutsch-jüdischen Dichterin zu verdrängen, die seit 1940 im schwedischen Exil lebte.»* Nelly Sachs war ein Opfer deutscher Verlogenheit – von Anfang bis Ende. Kurz vor ihrem Tod mußte sie noch erfahren, daß sich Paul Celan das Leben genommen hatte. Sein Erstlingsband *Sand aus den Urnen* war gut 30 Jahre vorher zusammen mit Nelly Sachs' *Sternverdunkelung* eingestampft worden. Sie war müde. Sie bat den Tod, ihr nicht länger nur ein «Stiefvater» zu sein. Am 12. Mai 1970 starb Nelly Sachs.

POLITIK

WAS KANN UNS DENN SCHON PASSIEREN?

Ich muß wieder einmal meine Aufenthaltserlaubnis verlängern lassen. Auf dem Flur im Ausländeramt wartet eine lange Schlange. Es kann also dauern. Ich frage einen der Wartenden, ob man sich vorher anmelden muß. Er zuckt die Schultern. Ich gehe in das nächste Zimmer hinein, frage: «Sagen Sie, muß ich mich eigentlich voranmelden, oder soll ich einfach warten?». Antwort: «Sie sind hier sowieso falsch, das ist hier für Ausländer». Ich: «Bin ich auch.» Die Beamtin: «Was? Woher denn?»

Ich: «Aus Österreich.» Sie: «Ach so! Ja, dann bleiben Sie doch gleich mal hier, das haben wir ja schnell erledigt.» Draußen wartet die Schlange...

«Schwule und Kanaken raus!» steht im Januar 1983 an einem Abflugschalter des Frankfurter Flughafens.

«Was ist der Unterschied zwischen einem Türken und einem Juden?», fragen sich im Februar 1983 deutsche Schulkinder. Antwort: «Der Türke hat's noch vor sich».

Als ich neulich mit einem ausländischen Freund (dunkles Haar, dunkle Haut) am späten Abend in eine Kneipe ging (Kölner Studentenviertel), schleuderten zwei junge Kölner eine volle Bierflasche nach uns. Sie zersplitterte an der Mauer, wir bekamen nur das Bier ab. Mein Freund machte eine rasche Bewegung gegen die beiden, ich packte ihn am

Arm: «Sei ruhig, du bist Ausländer, die bringen dich um!» Ich sagte diesen Satz ganz spontan.

Vor gut drei Monaten hätte ich vielleicht noch eine Prügelei riskiert. Vor gut drei Monaten aber begann ich für dieses Heft zum Thema «Türkinnen in der Bundesrepublik» zu recherchieren. Da gingen mir erst richtig die Augen auf. Natürlich wußte ich schon vorher, daß der Ausländerhaß ansteigt: Daß ein erschreckend hoher Prozentsatz der Bevölkerung mit dem Rechtsradikalismus symphatisiert. Daß die Politiker, egal welcher Couleur, diese Stimmung bewußt schüren oder doch zumindest ausnutzen. Daß auch Gewerkschaftsfunktionäre sich für die türkischen Kolleg(inn)en nicht eben ein Bein ausreißen.

Ich wußte, daß die Justiz mit zweierlei Maß mißt: Daß das ganze Land auf Fahndung geschaltet wird, wenn die Polizei ein RAF-Depot findet, daß aber, wenn riesige Waffenlager von Neonazis ausgehoben werden, der Bevölkerung erklärt wird, es handle sich um einen «Einzeltäter». Ich wußte auch, daß unsere Regierung (die vorher und die nachher) die Türkei wirtschaftlich und militärisch unterstützt, obwohl dort gefoltert wird und täglich Todesurteile verhängt werden. NATO geht vor Menschenrecht. Ich wußte schließlich auch, daß zunehmend mehr Verwaltungsgerichte in der Bundesrepublik Asylanträge von Türken und Kurden, die in ihrer Heimat gefoltert wurden, ablehnen, da Folter nicht als politische Verfolgung betrachtet werden könne.

Gut, das alles wußte ich also, fand es schrecklich, fand, man müsse doch etwas tun. Und dann, als ich losging um herauszufinden, wie diese Menschen hier wirklich leben, wurde mir bewußt: Es ist alles noch viel schlimmer. Ich sah plötzlich an wie vielen Häuserwänden «Türken raus» steht, ich hörte plötzlich überall Türken-Juden-Schwulen-Witze, ich erlebte plötzlich das Ausmaß an Angst und Erniedrigung, die Angriffe, denen alle türkischen Frauen, mit denen ich redete, täglich ausgesetzt sind.

Gleichzeitig sah, las und hörte ich im Fernsehen, im Rundfunk und in den Zeitungen die offiziellen Sprechblasen «unserer» Politiker und Funktionäre zum 50. Jahrestag der Machtergreifung. Breit sagt, die Gewerkschaften trifft keine Schuld.

Die deutsche Bischofskonferenz sagt, die Katholiken haben massenhaft Widerstand geleistet. Kohl sagt, die Deutschen waren kein Volk von Nationalsozialisten. In Mainz belagern drei Tage lang Antifaschist(inn)en das Haus des Neonazis Kurt Müller, das ein internationaler Treffpunkt der Faschisten ist. Die Nazis verbarrikadieren sich mit Feuerlöschern und Hunden und filmen die Belagerer. Die Polizei fährt mit Wasserwerfern auf, sieht aber keinen Anlaß, gegen die Nazis einzuschreiten. Selbst dann nicht, als Michael Kühnen, eben aus dem Gefängnis vorzeitig (wegen «guter Führung») entlassener Obernazi, in diesem Haus eintrifft, obwohl zu seinen Bewährungsauflagen gehört, daß er mit dem Besitzer des Hauses keinen Kontakt aufnehmen darf. Der Skandal um die Berliner Polizeischüler, die einen jüdischen Kollegen systematisch gedemütigt und gefoltert hatten, ist schon wieder aus den Medien verschwunden. Es ist auch nicht aus der Zeitung zu erfahren, was aus den Opelarbeitern wurde, die wochenlang vier türkische Kollegen auf dem Heimweg verprügelt hatten. Die Wirtin einer kölnischen Kneipe erzählt Stammgästen: «Ich hab jetzt eine neue Ärztin, die ist wirklich gut, obwohl sie Jüdin ist.» Gleichzeitig laufen in den Zeitungen Serien zu dem Thema «Wie hat es angefangen?» –«So», sagt meine türkische Freundin.

Eine deutsche Freundin, Lehrerin, fragt mich: «Was können wir denn tun?» Haben sich das die Menschen vor 1933 auch gefragt?

Ich habe nie verstanden, warum sie – ich meine die, die keine Anhänger der NSDAP und die auch nicht ganz gleichgültig waren –damals nichts getan haben. Doch langsam wird es mir klar. Es beginnt bei Kleinigkeiten. Im Bezug zum alltäglichen «Türken raus». Damit, daß frau/man zu einem Türkenwitz nur ein ablehnendes Gesicht macht, anstatt loszuschreien. Damit, daß frau/man nicht mit der Sprühdose in der Hand gegen «Türken raus»-Parolen losgeht. Damit, daß frau/man in Betriebsversammlungen und Gewerkschaftssitzungen nicht darauf beharrt, daß etwas gegen die Entlassung türkischer Kolleg(inn)en getan wird; oder darauf, daß eine Türkin, ein Türke in den Betriebsrat gewählt wird.

Warum tun wir nichts? Was kann uns denn passieren, wenn wir dieses bißchen Zivilcourage aufbringen? Bei uns steht keine SA vor der Tür, wenn wir uns mit Türken solidarisieren. Und wenn einige unter uns den Mut haben, die Zufahrtswege zu den Mittelstreckenraketen zu blockieren, warum fehlt dann der Mut, wenn es darum geht, zusammen mit Türk(inn)en gegen Ausländerfeinde, gegen Rassisten vorzugehen?

Es wäre an der Zeit. Denn es ist mal wieder so weit: Die Deutsche Nationale Volksfront verteilte im Ruhrgebiet Flugblätter mit der Losung *«Deutsche, kauft nicht bei Türken!»* (Sie ruft außerdem in diesem Flugblatt dazu auf, alle Türken, die bis zum 4. August dieses Jahres *«deutschen Boden»* nicht verlassen haben, *«zur Not mit der Waffe in der Hand»* zum *«Verschwinden»* zu bringen).

Es ist wirklich fünf vor Zwölf. Aber nicht nur in Hinblick auf den Atomkrieg. Noch vor dem Atomkrieg droht uns ein Türkenpogrom.

154

ICH KÖNNTE HEULEN VOR WUT

Achter Mai. Ich habe in diesen letzten Wochen die Zeitungsberichte zum Thema «Niederlage», «Kapitulation», «Stunde-Null» gelesen. Ich habe mir die Bücher angesehen, die zu diesem 40. Jahrestag auf den Markt geworfen wurden. Ich habe mir die Politiker angehört, die sich in der Tagesschau zu diesem seltsamen Ereignis äußerten.

Ich könnte heulen vor Wut. Zweierlei vor allem fiel mir auf: Es gibt wieder ein einig Volk von Deutschen, quer durch alle Parteien. Egal, ob sie den Tag als «Befreiung» feiern oder als «Niederlage» am liebsten verschweigen wollen: Sie äußern sich als «wir Deutsche». Hier die Deutschen, dort die «Opfer». Ob man sie nun miteinbeziehen oder lieber ignorieren würde – sie sind die anderen. Draußen. Die, die eingeladen werden sollen, die, derer (auch) gedacht werden soll. Auf jeden Fall gehören sie ganz eindeutig nicht zur Gruppe «Wir Deutschen».

Die Opfer: Juden, Roma und Sintis, Prostituierte, Geisteskranke, Behinderte, Kommunisten, Homosexuelle. Alle auch heute noch keine Deutschen. Die Emigranten schon gar nicht.

«Wir» Deutschen wurden – Gott sei Dank oder leider Gottes – geschlagen, die «anderen» wurden «befreit» – zumindest aus dem KZ. Die Selektionspolitik des Nationalsozialismus wirkt noch immer, selbst bei vielen von denen, die «guten Willens» sind. Es ist natürlich das gute Recht der Opfer des Nationalsozialismus und ihrer Nachkommen, zu entscheiden, ob sie selbst sich zu «den Deutschen» oder zu den «anderen» zählen wollen. Aber es steht den Deutschen nicht zu, sie weiterhin aus einer ominösen Volksgemeinschaft auszugrenzen.

Und noch etwas fiel mir bei dieser Farce um den 8. Mai vor allem ins Auge: Männer, Männer und nochmal Männer. Männliche Funktionäre wollen, daß Schlesien unser bleibt. Männliche Politiker wollen sich mit anderen männlichen Politikern hier nicht treffen, aber dort miteinander sprechen. Herr X sagt, «wir müssen», Herr Y kontert, «wir dürfen auf keinen Fall». Herr Diepgen, Bürgermeister von Berlin-West, schlägt vor: Wir sollten uns nicht so «verkrampfen», sondern das ungeliebte Kind einfach neutral «Kriegsende» nennen. Klar, wenn die Herren sich auf den Krieg beschränken, bleiben sie – als Sieger und Besiegte – unter sich und müssen auch nicht über die nationalsozialistische Herrschaft sprechen, die 1945 schließlich auch beendet wurde.

Von Frauen ist in diesem ganzen Theater nur in einer Rolle die Rede: als Trümmerfrauen. Wie sie es als Frauen gewohnt sind, haben sie davon materiell gar nichts (ihre Renten sind mickrig, keine Heldenrenten, ihr Lebensstandard war, sofern sie als «Alleinstehende» lebten, selbst zu Zeiten des Wirtschaftswunders nie annähernd der von «normalen» Familien). Aber nun wird ihrer wenigstens gedacht. In Festansprachen und Erinnerungsbüchern. In Artikeln, die, wie der im *Spiegel,* kein Wort über all das verlieren, was deutsche Soldaten zum Beispiel sowjetischen Frauen während des Krieges angetan haben, wird an die Vergewaltigungen durch die russischen Besatzungssoldaten erinnert.

156

Motto: Der böse Iwan schändete deutsche Frauen. Das Entsetzen dieser Schreiberlinge wendet sich nicht so sehr gegen die Vergewaltigungen an sich als gegen die Tatsache, daß sie von den «anderen» an «unseren» Frauen begangen wurden.

Auch Feministinnen erinnern an die Trümmerfrauen. An das Elend, das sie während des Krieges und in den ersten Friedensjahren zu bewältigen hatten, an den Hunger, die Flucht, die zerstörten Wohnungen, die Schufterei. Hut ab vor diesen Frauen, heißt es, und: Welche Ungerechtigkeit, daß sie einfach vergessen und nach all dieser Selbständigkeit und Tüchtigkeit wieder in die alten Rollen zurückgezwungen wurden. Ich will die Leistungen dieser Frauen nicht schmälern. Auch nicht die Angst, die sie ausgestanden haben müssen, und schon gar nicht vergessen will ich, daß für sie ein Frieden kein Frieden war, wenn sie jeden Tag damit rechnen mußten, von den Siegern vergewaltigt zu werden.

Aber ich kann auch nicht darauf verzichten, diese Frauen zu fragen: Was habt ihr denn vorher gemacht? Ging es euch erst schlecht, als die Bomben fielen und eure eigenen Wohnungen zerstörten? Habt ihr erst Angst bekommen, als ihr selbst in den Luftschutzbunker rennen mußtet, bei Nacht, die Kinder unterm Arm? Was war denn, als die Nachbarin von der SS abgeholt wurde, bei Nacht, das Kind an der Hand. Als plötzlich Wohnungen im Viertel «frei» wurden – judenfrei? Was habt ihr euch gedacht, als ihr alle «nichts gewußt» und euch doch mit Schaudern das Wort «KZ» zugeraunt habt? Die amerikanische Journalistin Margaret Bourke-White erzählt von einem Besuch im KZ Buchenwald: General Patton hatte Weimarer Bürger(innen) gezwungen, sich das eben befreite Lager anzusehen: die Leichenberge; die verhungerten, gequälten Überlebenden, die noch in ihren gestreiften Lagerkleidern hinter den Zäunen standen. «Wir haben es nicht gewußt», stöhnten diese Weimarer Frauen und Männer und wandten sich mit Tränen ab. «Ihr habt es gewußt!», riefen ihnen die Häftlinge zu, «wir haben neben euch in den Fabriken gearbeitet. Wir haben es euch gesagt und dabei unser Leben riskiert. Aber ihr habt nichts getan!» Und nachher? Als sie es mit eigenen Augen gesehen hatten, die «ahnungslosen» Deutschen? Sind sie vor Scham und Verzweiflung zusammengebrochen? Haben sie sich mit Selbstvorwürfen gequält? Nein, das Leben ging weiter. Die Ärmel wurden hochgekrempelt. Der tägliche Überlebenskampf im zertrümmerten Deutschland ließ angeblich keine Zeit für selbstkritische Gedanken und Gefühle und Trauer. – Nur Schweigen und Wiederaufbau.

Dieses Schweigen lebt heute fort. Im Schweigen über die Ausländerfeindlichkeit, im weiterschwelenden Antisemitismus, in der Verachtung von «Zigeunern», in der «Behandlung» von Behinderten, in der Diskriminierung von Homosexuellen, in der Hinnahme von Frauen- und Kindesmißhandlung, in der Kriminalisierung von Widerstand. Sicher, wir sollten als Feministinnen auch an die «Trümmerfrauen» erinnern, an ihre Arbeit und ihre Diskriminierung als Frauen, kaum, daß die Häuser wieder standen. Aber es steht uns auch gut an, selbstkritisch zu sein und die nötige Kritik an diesen Frauen nicht zu verschweigen oder gar durch Entschuldigungen zu entkräften. Sie ist nicht zu entkräften und zudem wäre eine solche Haltung biologistisch: Sie unterstellt letztlich, Frauen wären unfähig, Unrecht zu erkennen (oder zu begehen), sich gegen Unrecht zur Wehr zu setzen, über geschehenes Unrecht zu trauern, Frauen hätten nichts mit Politik zu tun. Wenn sie nur ihre Brut durchbringen, dann kann man ihnen alles andere durchgehen lassen.

Die Geschichte hat bewiesen, daß dem nicht so ist – auf

beiden Seiten. Es gab Widerständlerinnen und KZ-Aufseherinnen. Und die Frauen, die den Mut hatten, den Mund aufzumachen, haben ihn aufgemacht. Ob sie Kinder hatten oder nicht. Und die Frauen, die nach 1945 die Leiden, die sie durch ihr Schweigen (oder gar Mitmachen) mitverursacht hatten, sehen konnten, haben sie gesehen und dazu Stellung genommen. Auch wenn sie nichts zu essen, keine Wohnung hatten, und Steine klopfen mußten.

Die Frauen, die im KZ waren, tragen zum Teil heute noch, 40 Jahre danach, an körperlichen und psychischen Leiden, sie können nachts nicht oder nur mit Alpträumen schlafen. KZ-Syndrom heißt das. Die Frauen, die im Widerstand waren, leben heute nicht unbedingt im Wohlstand. Weil sie es in einem Staat, dessen Wirtschaft, dessen Universitäten, dessen Geheimdienste aus dem Arsenal alter bewährter Nazis wiederaufgebaut wurden, nicht allzu weit bringen konnten – oder mochten.

Wenn ich heute die Bilder von Frauen sehe, die 1945 mit einem Leiterwägelchen durch zerstörte Städte fliehen, muß ich an die Bilder denken, die auch zu diesem 8. Mai nirgends zu sehen sind. An die Frauen etwa, die aus Auschwitz befreit wurden. Sie wurden nicht mit der Limousine nach Hause gefahren. Sie machten sich verhungert und geschwächt zu Fuß, manchmal in überfüllten Eisenbahnwaggons und gelegentlich von einem Jeep mitgenommen, auf den Weg nach Hause. Niemand kümmerte sich um sie. Die Deutschen waren mit dem Wiederaufbau beschäftigt.

Die Trümmerfrauen in Ehren. Aber ich möchte doch lieber dieser «anderen» Frauen gedenken: der Jüdinnen aller Nationen, der Deutschen, Polinnen, Tschechinnen, Russinnen, Französinnen, Holländerinnen, Österreicherinnen, die Widerständlerinnen, Partisaninnen, Prostituierte, Sinti

159

oder Roma waren, oder auch nur im «falschen» Moment den
Mund nicht halten konnten.

DIE ROTE ROSA

«Wie zu lesen war, will die Deutsche Bundespost eine der bedeutendsten deutschen Frauen auf einer Briefmarke verewigen. Ich hatte gedacht, daß Frau Elly Heuss vielleicht gemeint wäre. Ich muß aber feststellen, daß Rosa Luxemburg diese Ehre zuteil werden soll. Erstens ist Rosa Luxemburg, soviel ich weiß, Polin. [...] Zweitens bestand ihre Größe darin, daß sie als Führerin des blutigen Spartakus-Aufstandes im Jahre 1919 in Berlin fungierte [...]. Vielleicht haben Sie in Ihrem Archiv noch ein paar Ausgaben der Roten Fahne, in der Aufrufe Rosa Luxemburgs zu Mord und Brand veröffentlicht wurden. Dagegen ist Ulrike Meinhof geradezu ein harmloses Schäfchen...» Es war ein Leser der Rheinischen Post, der sich am 10. Juni 1973 in einem Brief an seine Zeitung so schrecklich aufregen mußte. Inzwischen gibt es so etwas wie eine Luxemburg-Renaissance. Ihre Briefe aus dem Gefängnis sind schon seit Jahren heimliche Bestseller. Christel Neusüß, Marxistin, entdeckte jetzt (15 Jahre nach Beginn der neuen Frauenbewegung, aber immerhin) das Fehlen der Frauen im *Kapital* und entdeckte dabei auch wieder die «Genossin Luxemburg», die «alles durcheinanderbringt». Margarethe von Trotta, Regisseurin, drehte gerade einen Film über «Rosa» und verursachte damit ein luxemburgisches Rauschen im bundesdeutschen Blätterwald.

Eine Renaissance nicht ohne Komik. Helmut Schmidt, Sozialdemokrat und ehemaliger Bundeskanzler, Nachfolger der Herren Ebert und Noske, unter deren sozialdemokratischer Regierungsgewalt Rosa Luxemburg und die anderen Spartakisten gejagt und ermordet wurden, Helmut Schmidt, der Rosa Luxemburg, lebte sie heute, längst in einen Hochsicherheitstrakt gesperrt hätte, ist heute Mitherausgeber der ehrenwerten Wochenzeitschrift *Die Zeit.* Und in eben dieser *Zeit* darf Fritz J. Raddaz ein ausführliches (und gar nicht schlechtes) Portrait der «Roten Rosa» schreiben – fürs Magazin.

Rosa im Feuilleton! So weit hat sie es bei Lebzeiten nicht gebracht. Im Gegenteil, die sozialdemokratischen Genossen hatten sie sogar aus jeder Zeitung wieder rausbugsiert, in die sie je einen Fuß setzen konnte. Ansonsten bewegte sie sich – zeitungsmäßig – eher in den Schlagzeilen. Man, beziehungsweise frau, gehört eben nicht ungestraft einer Minderheit an und betreibt dann auch noch permanent Oppositionspolitik.

Seither ist viel passiert. Aus der Revolutionärin, die täglich Politik machte, wurde eine «historische Figur», von der, bis auf wenige Experten, immer weniger Menschen wußten, was sie wirklich gedacht und getan hatte. Auch so manche Frau, die «ihre Rosa» als Foto an der Wand hängen und die «Briefe aus dem Gefängnis» verschlungen hat, beschränkt sich lieber auf das schöne Bild der edlen Heldin, als sich mit der Frage «Was will der Spartakus-Bund?» auseinanderzusetzen.

Es gibt kaum einen Artikel über Rosa – von «wohlmeinender Seite» – der nicht mit der Hinkenden beginnt. Die ungeheure Radikalität dieser Frau muß quasi entschuldigt werden durch ihre «eigentliche» Hilflosigkeit. Und neuerdings wird die kompromißlose Spartakistin «rehabilitiert» durch die Betonung ihrer Weiblichkeit (was immer das sei), die sie nie aufgegeben habe (Gott sei's gedankt, wenigstens das!). Margarethe von Trotta stellt ihren Film über Rosa Luxemburg mit dem Satz vor: *«Sie ist immer Frau geblieben.»* – Genau das aber ist sie grade nicht. Doch dazu später.

Hier soll es in erster Linie um die «Rote Rosa» gehen, um die Revolutionärin in Theorie und Praxis, die, die so gerne fallen gelassen wird zwischen den beiden bequemen Sesseln «blutrünstige Bestie» und «hinkende, liebende Frau». Und um die Frau gehen soll es auch.

Rosalia Luxemburg wurde am 5. März 1871 in Zamost in Polen geboren. Ihre Eltern waren Juden, lebten in einem Haus direkt am Marktplatz, sprachen untereinander polnisch und deutsch. Der Vater war Holzhändler, die Mutter brachte dem Kind die Liebe zur Literatur, speziell zur deutschen Klassik bei. Als Fünfjährige erkrankt Rosa Luxemburg an einem Hüftleiden, das fälschlich als Knochentuberkulose behandelt wird und das Kind zwingt, ein ganzes Jahr im Bett zu verbringen. Rosa bringt sich in dieser Zeit selbst Lesen und Schreiben bei und liest gleich eine ganze Menge. Geblieben ist ihr von der Krankheit aber auch ihr Hüftleiden, das sie lebenslang hinken läßt.

Die Neunjährige schreibt Gedichte, Novellen, übersetzt vom Deutschen ins Russische. Die Dreizehnjährige tritt ins Warschauer Frauengymnasium ein (die Familie ist inzwischen nach Warschau umgezogen) und erweist sich von Anfang an als ebenso hochbegabte wie rebellische Schülerin. Beim Abitur wird ihr die Goldmedaille verweigert, die normalerweise mit einem so hervorragenden Abschlußzeugnis verbunden ist. Der Grund: «Oppositionelle Haltung gegenüber der Autorität». In diesem Fach ist die Abiturientin schon ein alter Hase. Bereits mit 16 Jahren hatte sich Rosa Luxemburg geheimen Fortbildungszirkeln angeschlossen, die Kontakt hatten zur polnischen revolutionären Gruppe *Proletariat,* die wiederum Kontakte hatte zu den russischen Anarchisten der Narodnaja Wolja *(Volkswille).*

Aus ähnlichen Zusammenhängen stammt auch Leo Jogiches, der langjährige Mitkämpfer und Lebensgefährte Rosa Luxemburgs. Sie lernt ihn in Zürich kennen, wo sie inzwischen studiert, nachdem sie als Agitatorin der polnischen revolutionären Bewegung, unter einer Fuhre Heu versteckt, der polnischen Polizei entkommen ist. In Zürich «dürfen» auch Frauen studieren. In Zürich sitzen Emigranten aus allen Teilen Europas, eine ganze Menge junger Frauen und Männer, die sich in kleinen Studentenbuden und großen Kaffeehäusern über die Gleichberechtigung der Frau, über Anarchismus, Marxismus, Strategie und Taktik der Revolution die Köpfe heiß reden.

Mittendrin die kleine Jüdin aus Warschau, Studentin der Mathematik, Volkswirtschaft und des Öffentlichen Rechts, 18 Jahre alt und schon politischer Flüchtling. Sie verliebt sich in Leo Jogiches, der gerade vier Jahre älter ist als sie, aber – vorläufig – ihr Mentor im revolutionären Kampf werden sollte. Die beiden gründen eine eigene Gruppe, die in Opposition zur «offiziellen» polnischen Sozialdemokratie PPS steht: die SDKPiL (Sozialdemokratie des Königreichs Polen).

Am 1. Mai 1897 promoviert Rosa Luxemburg magna cum laude zum Doktor des Rechts. Im selben Jahr beschließt sie, nach Deutschland zu gehen, in das Land mit der stärksten sozialdemokratischen Partei der damaligen Welt. Sie schließt eine Scheinehe mit einem Deutschen, um sich in ihrer neuen Heimat nicht nur regulär aufhalten, sondern auch politisch betätigen zu können.

Die deutschen Genossen, denen Rosa Luxemburg keine Unbekannte mehr ist, nehmen sie nicht gerade mit offenen Armen auf. Sie läßt sich in Berlin nieder, wissend, daß sie sich ihre «Epaulletten» erst «verdienen» muß – und wird schon ein Jahr später auf Wahlreise in das tristeste finsterste Gebiet des deutschen Reiches geschickt: nach Oberschlesien, das Sibirien Deutschlands. Immerhin ist sie auf dieser Expedition so erfolgreich, daß sie ein Mandat für den Parteitag der SPD von 1898 in Stuttgart erhält.

Und schon tritt sie in die Nesseln: Sie profiliert sich als radikale Gegnerin der Revisionisten (also derer, die von der «reinen Lehre» des Marxismus – nach rechts – abweichen).

Eduard Bernstein, einer der führenden Köpfe der deutschen Sozialdemokratie und Mitbegründer des Revisionismus, hatte zuvor in einer Artikelserie dazu aufgerufen, Klassenkampf und Revolution aufzugeben und stattdessen Wahlkampf zu betreiben. Über eine ständig wachsende Mehrheit im Parlament könne die Sozialdemokratie auf friedlichem Wege die Macht übernehmen und Reformen für die Arbeiterklasse durchsetzen. Mehr – die Abschaffung des Kapitalismus und des bürgerlichen Staates – wollten Bernstein und seine Anhänger gar nicht.

Rosa Luxemburg hält dem Revisionismus Bernsteins entgegen: *«An der Revolution führt die Arbeiterklasse kein Weg vorbei!»* Für sie ist klar, daß die Gesetze des bürgerlichen Staates *«die zur verpflichtenden Norm erhobene Gewalt der herrschenden Klasse»* sind, daß also die herrschende Klasse nicht mittels ihrer eigenen Gesetze, ihrer eigenen Gewalt zu stürzen ist. Sie wußte auch, daß Privilegien nicht kampflos aufgegeben werden und daß die Besitzenden nicht daran denken, sich von den Besitzlosen einfach abwählen zu lassen. Daraus ergibt sich für sie ohne alle Einschränkungen:

«In der bürgerlichen Gesellschaft ist der Sozialdemokratie dem Wesen nach die Rolle einer oppositionellen Partei vorgezeichnet, als regierende darf sie nur auf den Trümmern des bürgerlichen Staates auftreten.» Das schmeckte den Genossen gar nicht, und es sollte ihnen immer weniger schmecken.

Zunehmend setzte sich in der Partei die Meinung durch, man müsse nur abwarten, Wählerstimmen sammeln und sich ansonsten höchst gesittet benehmen. Etwas so Schreckliches wie Volksbewaffnung, Revolution, Massenstreik wollten deutsche Sozialdemokraten und Gewerkschafter immer weniger hören. Der Gewerkschaftskongreß in Köln 1905 – als in Rußland Revolution war – stand unter der Devise: «Die Gewerkschaften brauchen vor allem Ruhe!» Rosa Luxemburg wollte und konnte nicht in dieser Ruhe und Ordnung ersticken. Sie fährt nach Warschau, um an der russischen Revolution teilzunehmen und von ihr zu lernen. Ihre Erfahrungen verwertet sie in ihrer Arbeit über *Massenstreik, Partei und Gewerkschaften,* eine ihrer wichtigsten Schriften nach der Anti-Bernstein-Broschüre *Sozialreform oder Revolution,* mit der sie bereits 1900 ihre fundamentale Opposition innerhalb der Partei theoretisch begründete.

Am 28. Dezember reist Rosa Luxemburg nach Warschau. Kaum angekommen, stürzt sie sich in die Arbeit und übernimmt die Redaktion und Herausgabe der *Roten Fahne.* Konkret hieß das: Die Zeitung hatte keine eigene Druckerei, weshalb der Druck in bürgerlichen Betrieben erzwungen werden mußte – auch schon mal mit vorgehaltener Pistole.

Am 4. Februar 1906 wird sie verhaftet. Sie schreibt an Luise und Karl Kautsky: *«Hoffentlich werdet ihr euch nicht zu sehr die Sache zu Herzen nehmen. Es lebe die Re...! mit Allem, was sie bringt.»* Im Gefängnis sorgt sie sich um mögliche Gnadengesuche, die die Partei in Deutschland stellen könnte.

Sie weigert sich, selbst ein Bittgesuch um ihre Freilassung zu stellen (*«Die Herren können lange warten, bis eine Sozialdemokratin sie um Schutz bittet!»*) und beschwert sich in ihren Briefen nach Deutschland: *«Ein ‹sitzender› Mensch wird nicht bloß von der Obrigkeit, sondern auch von den eigenen Freunden sofort entmündigt und ohne Rücksicht auf seine Meinung behandelt!»* Sie wird in die berüchtigte Zitadelle von Warschau verlegt, in den Pavillon X, in dem seit Jahrzehnten die «Politischen» einsitzen. Beim Besuch ihrer Geschwister wird Rosa Luxemburg in einem Doppelkäfig aus Drahtgeflecht vorgeführt, *«d. h. ein kleiner Käfig steht frei in einem größeren, und durch das flimmernde Geflecht der beiden mußte man sich unterhalten. Da es dazu just nach einem sechstägigen Hungerstreik war, war ich so schwach, daß [...] ich mich im Käfig mit beiden Händen am Draht festhielt, was wohl den Eindruck eines wilden Tieres im Zoo verstärkte».*

Es war nicht ihr erstes Gefängnis, und es sollte nicht ihr letztes bleiben. Ganz im Gegenteil. Der Weg der deutschen Sozialdemokratie zum Burgfrieden von 1914, als die führende Partei der Internationale den Kriegskrediten des Kaisers und damit dem 1. Weltkrieg zustimmte, war bereits ebenso vorgezeichnet und unaufhaltsam wie der Weg Rosa Luxemburgs in die Spartakusgruppe, deren Politik «Krieg dem Krieg» hieß.

Rosa Luxemburgs «Gefährlichkeit» lag nicht nur in der Radikalität ihrer Theorie (und Praxis), sondern auch darin, daß ihre Schriften zum größten Teil brilliant formuliert, gar nicht trocken und sehr gut verständlich sind. Die Ökonomin setzte sich mit der *Akkumulation des Kapitals* auseinander und rechnete den offiziellen Marxisten der Partei vor, daß zum einen der Sozialismus mitnichten automatisch den Kapitalismus ablöst und zum anderen die für diese Entwicklung nötige Entfesselung der Produktivkräfte auf Kosten der Menschen in den Kolonien geht und daß dieser Imperialismus unweigerlich zu einem weltweiten Krieg führen muß. Was der Imperialismus mit dem Patriarchat zu tun hat, das sah sie allerdings nicht.

Das wollte sie auch nicht sehen. Vor der fundamentalen Ausbeutung ihres eigenen Geschlechts verschloß sie die Augen – in der Theorie wie in der Praxis. Rosa Luxemburg blieb bei der «klassischen» Politik.

Hier allerdings wies die praktische Revolutionärin den Schreibtischbürokraten nach, daß die Revolution nicht von oben gemacht wird, sondern von unten. Den Funktionären der Partei hält sie entgegen, daß Revolutionen nicht *per Dekret erlassen»* und dann vom Vorstand geordnet abgewickelt werden können. Den deutschen Gewerkschaftsführern, die die Politik vertraten, Streiks hätten erst einen Sinn, wenn genügend Arbeiter in den Gewerkschaften organisiert seien, da nur von organisierten Arbeitern ein Streik gemacht werden könne, lachte sie ins Gesicht: *«Madame Geschichte dreht den bürokratischen Schablonenmenschen, die an den Toren des deutschen Gewerkschaftsglücks grimmige Wacht halten, von weitem lachend eine Nase.»* Mit dieser Haltung brachte sie sich allerdings nicht nur in Konflikt mit den Partei-Rechten und Gewerkschaftern, sondern auch mit Lenin und den Bolschewiki. Die offizielle kommunistische Luxemburg-Rezeption rügt sie bis heute für dieses «links-radikale Abweichlertum».

«Spontaneität der Massen» statt straffer Parteileitung, überhaupt diese ganze Begeisterung für das «wechselnde

Meer», das da in der Revolution *«ineinander überflutet: [...] politische und ökonomische Streiks, Massenstreiks und partielle Streiks, [...] Lohnkämpfe und Straßenschlachten und Barrikadenkämpfe»* – das war nicht nach dem Geschmack der Parteifunktionäre von Bernstein bis Stalin.

Rosa Luxemburg aber schrieb 1910 an Karl Kautsky, der sich inzwischen auch politisch von ihr zurückzog: *«Deshalb hasse ich eine solche Philosophie [...] und bleibe dabei, daß man sich lieber in den Rheinfall stürzen und in ihm wie eine Nußschale untergehen muß, als ihn mit weisem Kopfnicken weiter rauschen zu lassen, wie er zu unserer Urväterzeiten gerauscht und nach uns rauschen wird.»* Prophetische Worte. Am 4. 8. 1914 stimmt die Reichstagsfraktion der Sozialdemokraten einstimmig für die Kriegskredite, für den Kriegseintritt Deutschlands – wider besseres Wissen, wider jahrzehntelange Analysen, wider alle Schwüre der Internationale, im Kriegsfall würde die Arbeiterklasse aller Länder vereint gegen Krieg und Nationalinteressen kämpfen.

Die deutschen Sozialdemokraten hielten es nun mit dem Kaiser, der keine Parteien mehr kannte, sondern nur noch Deutsche. Dafür nahm der Kaiser das Wort von den «vaterlandslosen Gesellen» zurück. Für Rosa Luxemburg und die paar restlichen Linken in der Partei begann nun der Weg der endgültigen Loslösung von dieser SPD, ein Weg, der sie durch die Gefängnisse des Deutschen Reiches führte.

In einem davon schrieb Rosa Luxemburg ihre letzte große theoretische Arbeit, die sie mit dem Pseudonym *Junius* unterschrieb. Mathilde Jacobs, ihre Freundin und Sekretärin, schmuggelte die *Junius-Broschüre* Blatt für Blatt aus dem Gefängnis. Während die Partei sich im Hurrapatriotismus übte, schrieb Rosa Luxemburg in ihrer Zelle: *«Geschändet, entehrt, im Blute watend, von Schmutz triefend – so steht die bürgerliche Gesellschaft da, so ist sie. [...] so zeigt sie sich in ihrer wahren, nackten Gestalt.»* Die «Krise der Sozialdemokratie», den Burgfrieden vom August 1914, wertete sie als *«eine weltgeschichtliche Katastrophe.»* Daß mit diesen Politikern keine Revolution zu machen war, war spätestens jetzt für sie klar.

Als dann tatsächlich die Parteibonzen à la Ebert und Scheidemann die November-Revolution 1918 «in die Hand nahmen», die Arbeiter- und Soldatenräte entmachteten und mit den alten Herrschern paktierten, da gründeten Rosa Luxemburg und ihre Mitstreiter(innen) ihre eigene Organisation, die *Kommunistische Partei Deutschlands (Spartakusbund)*. In ihrer Schrift *Was will der Spartakus-Bund?* prophezeiht sie *«Sozialismus oder Untergang in der Barbarei!»* und warnt noch einmal: *«Es ist ein toller Wahn, zu glauben, die Kapitalisten würden sich gutwillig dem sozialistischen Verdikt eines Parlaments, einer Nationalversammlung fügen, sie würden ruhig auf den Besitz, den Profit, das Vorrecht der Ausbeutung verzichten.»* Sie weiß, daß die Tage dieser beginnenden Weimarer Republik gezählt sind. Denn sie weiß, wer weiterhin die Macht im Staate hat: *«Die Bourgeoisie wird es sich überlegen, ob sie den Hermelin auf die derbe Parvenügestalt des Ebert wird legen wollen.»* Sie legte – eine Zeitlang. Dann legte sie den Hermelin auf die noch viel derbere Parvenügestalt Hitlers.

Die letzten Wochen ihres Lebens verbrachte Rosa Luxemburg mit dem Versuch, die immer wieder beschworenen «Massen» darüber aufzuklären, daß es noch lange nicht reichte, daß der Kaiser abdankte. Und daß die sozialistischen Führer dieser angeblichen Revolution den Sozialismus und die Revolution verrieten. Das konnten die sich nicht bieten lassen. Die Spartakisten brachten immerhin in Berlin noch hunderttausende Menschen auf die Beine, diese Bedrohung mußte der große Krisenstab der jungen Republik niederschlagen. Die sozialdemokratische Regierung erklärte die Spartakisten, allen voran Rosa Luxemburg und Karl Liebknecht, zu Verbrechern, zu Staatsfeinden Nummer eins. Während Polizeiminister Noske daran ging, jeden Aufstand, der sich noch in Deutschland rührte, niederzumachen, schwärmten die Häscher aus, um die «Rote Rosa» zu kriegen.

Sie kriegten sie, am 15. Januar 1919, folterten sie, erschossen sie schließlich und warfen ihre Leiche in den Landwehrkanal. Mit ihr wurde auch Karl Liebknecht ermordet, wenig später Leo Jogiches. Rosa Luxemburgs engste Vertraute, Mathilde Jacob, wurde am 27. Juli 1942 mit fast 70 Jahren in das Konzentrationslager Theresienstadt verschleppt, wo die Nazis sie ermordeten.

Rosa Luxemburg hat alles vorausgesehen. Sie hat alles durchschaut und kein Unrecht aushalten können. Nur eines hat sie ihr Leben lang mit festverschlossenen Augen konsequent ignoriert, ein Unrecht hat sie lieber nicht gesehen, als sich ihm zu stellen: ihr Frausein, ihre Zugehörigkeit zum Geschlecht der Unterdrückten.

Sie, die mutige und unbestechliche Kämpferin für das Proletariat, war gegen die Sache der Frauen gleichgültig.

Ja, sie war mit Clara Zetkin befreundet. Aber Clara Zetkin war keine radikale Frauenkämpferin, welchen Heiligenschein auch immer ihr die Geschichtsschreibung aufsetzen mag. Clara Zetkin glaubte zum einen an die natürliche Rolle der Frau (*«Mann und Weib sind ihrer geistigen und sittlichen Eigenart nach so wenig völlig gleich, als sie ihrer körperlichen Art nach gleich sind»*), und ordnete zum anderen stets und grundsätzlich die Interessen der Frauen denen der Partei unter.

Während sie innerhalb der Partei zum äußersten linken Flügel gehörte, bezog sie sich in der «Frauenfrage» nie auf die radikalen Feministinnen (die sie Zeit ihres Lebens aufs Schlimmste diffamierte), sondern auf die bürgerlichen Reformistinnen. Das kam ihrem Bild der Frauenbewegung ja auch mehr entgegen, und ihrem Bild von der Natur der Frau gleichfalls. Rosa Luxemburg dagegen hatte nicht einmal eine reformistische Haltung in der Frauenfrage, sie hatte gar keine. Was sie allerdings nicht daran hinderte, Antifeministin zu sein.

Christel Neusüß weist in ihrem Buch *Die Kopfgeburten der Arbeiterbewegung* nach, daß Rosa Luxemburg, im Gegensatz zu Marx und seinen männlichen Nachfolgern, die Bedeutung des Reproduktionsbereiches gewürdigt und hervorgehoben hat. Das stimmt, doch selbst hier spricht sie von den «Menschen» (in vorkapitalistischen Gesellschaften, in den Kolonien etc.), auf deren Rücken der «Fortschritt» gebaut wird. Daß es ganz konkret die Rücken der Frauen sind, die unter dieses Joch gebeugt wurden (und noch immer werden), sieht auch die Genossin Luxemburg nicht.

In Sachen Frauen saß die sonst so klarsichtige radikale Marxistin Rosa Luxemburg offenbar dem kapitalistischen Märchen vom Tellerwäscher auf, der – wenn er nur wolle und sich anstrenge – Millionär werden könne. Dabei erlebte sie ja selbst ständig, was es heißt, eine Frau zu sein. *«Hysterischer Materialismus»* höhnte der österreichische Parteiführer Victor Adler über die Genossin, die es wagte, von der Barrikade zu winken, anstatt im schützenden Schoß der Partei vor sich hin zu wuseln. Das schluckte sie, das steckte sie weg, auch wenn es schmerzte. Das sah sie nicht als Teil des Gesamtsystems von Unterdrückung, den es zu analysieren und bekämpfen galt, sondern als Hindernisse, die sich ihr persönlich in den Weg stellten und die somit von ihr persönlich überwunden werden mußten.

Schon Frau zu sein allein war nicht eben von Vorteil innerhalb der deutschen Sozialdemokratie. Alles aber was darüber hinausging, einfach «nur» Frau zu sein, alles, was nach Feminismus roch, wurde erbittert bekämpft. Ebenso wie alles bekämpft wurde, was anarchistisch war oder dafür gehalten wurde: Rosa Luxemburg zum Beispiel, die ursprünglich mal aus anarchistischen Zusammenhängen kam, und immer wieder in diese Richtung «verdächtigt» wurde. Und so tobt sie in ihrer Schrift *Massenstreik, Partei und Gewerkschaften* gegen den Anarchismus, distanziert sich mit Händen und Füßen. Eine Verdächtigung in Richtung Feminismus ließ sie gar nicht erst aufkommen.

Was ist aber nun mit der Rosa, die angeblich «immer Frau blieb»? Was ist mit der Rosa, die so wunderschöne Briefe schrieb, die mit den Büffeln im Gefängnishof litt wie mit aller gequälten Kreatur, die sich um ihre Katze Mimi mehr sorgte als um sich selbst? Was ist mit der Rosa, die unter der Verschlossenheit Leo Jogiches' litt, die am Geliebten rüttelte und zerrte, um die Liebe zu bekommen, nach der sie sich so sehnte?

Natürlich gibt es diese Rosa. Das ist ja gerade auch das Großartige an ihr, daß sie nicht hart wurde in den ermüdenden Kämpfen, die sie ihr Leben lang führen mußte, daß sie nicht versteinerte angesichts all der Niederlagen, die sie erleben mußte. All das, die Kohlmeisen, die Liebesbriefe, die geliebte Katze, gehört eben mit zu der Revolutionärin, der Theoretikerin, der Kämpferin. Warum denn auch nicht? Wer sagt denn, daß das eine das andere ausschließen muß?

Ist sie eben doch «Frau geblieben»? Nein, das ist sie grade nicht! Frau sein und bleiben in einer patriarchalischen Welt heißt ein relatives Wesen sein, heißt, alle Liebe auf einen Menschen – den geliebten Mann – und später auf die eigenen Kinder zu konzentrieren, heißt, seine Frau sein.

Rosa Luxemburg hat ihre Liebe nicht auf einen Menschen beschränkt, sie hat die ganze Menschheit geliebt. Sie konnte notfalls ohne einen Geliebten leben, aber nicht ohne Gerechtigkeit. Sie konnte auf eigene Kinder verzichten, aber nicht auf die Revolution. Dafür landete sie im Landwehrkanal.

DIE NACHTRÄGLICHE SELEKTION

Wie muß ein Opfer der «Endlösung» beschaffen sein, damit es sich unserer Trauer, unseres Gedenkens würdig erweist? Es muß möglichst gebildet, «zivilisiert», assimiliert sein. Es hat idealerweise einen akademischen oder künstlerischen Beruf ausgeübt und in Deutschland oder zumindest Westeuropa gelebt. In jedem Fall aber muß es dem deutschen Reinheitsgebot entsprochen haben.

Das Schicksal des deutschen jüdischen Arztes, der aus seiner Klinik vertrieben und dessen Bibliothek zertrümmert wurde, erschüttert uns. Das Schicksal der deutschen jüdischen Schriftstellerin, die aus ihrer Heimat vertrieben und deren Werk verbrannt wurde, erschüttert uns. Das Schicksal des galizischen jüdischen Kleinkrämers und der Warschauer jüdischen Näherin existiert nicht einmal in unserem Bewußtsein. Sie gehören zu den abstrakten sechs Millionen, die uns einer Individualisierung nicht wert erscheinen. Die Mehrheit der fast drei Millionen ermordeten polnischen Juden waren Arme, Subproletariat, «Luftmenschen», die dem Bild von der «minderwertigen Rasse», das der Nationalsozialismus zeichnete, auch in den Augen der heutigen Antifaschist(inn)en näher kommen als der assimilierte Berliner Rechtsanwalt und die jüdische Fabrikantentochter aus Breslau.

Die «Ostjuden» waren bereits in der Weimarer Republik ein ähnlicher Anlaß zu nationaler Besorgnis wie heute die «Asylantenflut». Man zerbrach sich schon Jahre vor der Machtübernahme durch die Nationalsozialisten den Kopf darüber, wie man des Einwandererstromes polnischer Juden im Ruhrgebiet Herr werden könne. 1938 gingen die neuen Herren daran, Deutschland von dieser «Pest» zu befreien. Die jüdischen Arbeitsimmigrant(inn)en, die am meisten verachteten «Ostjuden» also, waren die ersten, die aus dem Dritten Reich deportiert wurden. Es versteht sich quasi von selbst, daß niemand dagegen protestierte. Das osteuropäische Judentum wurde und wird als schmuddelig, zurückgeblieben, bestenfalls exotisch wahrgenommen. Die NS-Beamten im «Generalgouvernement» ließen sich in ihren Briefen nach Hause immer wieder über den Ekel aus, der sie beim Anblick dieses «dreckigen, verwahrlosten, arbeitsscheuen Gesindels» befiel. Sie, die auf dem Schreibtisch ihren Goethe neben den Akten zur «Sonderbehandlung» liegen hatten, kamen in der direkten Konfrontation mit der powerisierten und in den Ghettos zusätzlich verelendeten ostjüdischen Unterklasse zu der «Einsicht», daß es sich hier tatsächlich um Ungeziefer handle, das ausgerottet werden müsse.

Ihre Sicht bestimmt auch heute noch den Blick auf die Mehrheit der ermordeten Juden. Der uneingestandene Horror vor der grauen Masse, die in die Gaskammer strömte, dieser Horror, der sich in dem Satz «Warum haben sie sich nicht gewehrt?» Luft macht, impliziert eine tiefe Verachtung. Die Verachtung der Nachkommen derer, die nicht einmal leise protestiert hatten, für die, die sich gegen eine perfekt organisierte Vernichtungsmaschinerie nicht erfolgreich zur Wehr setzen konnten.

Gegen die retrospektive Ausgrenzung des osteuropäischen Judentums aus der historischen Wahrnehmung steht – scheinbar – die in einigen «fortschrittlichen» Kreisen grassierende Schtetl-Nostalgie. Man stellt sich Bildbände über eine «Versunkene Welt» in den Bücherschrank und hört jiddische Lieder unter Chagall-Drucken. Ja, wenn der Rebbe tanzt, dann schunkelt der gute Deutsche in wehmütiger Sehnsucht mit. Der mehrfach geflickte Kaftan wird zum Folklore-Look verklärt, der Wandermusiker von der schlammigen Gasse als Fidler auf das Dach gehoben, der Hering, das täglich Brot der Armen, zum exotischen Nahrungsmittel stilisiert. Daß Armut häßlich ist und auch häßlich macht, wird bewußt übersehen, denn das würde das romantische Bild stören.

Der gezielte Antisemitismus sowohl des zaristischen Rußlands als auch der späteren polnischen Regierungen sorgte mit einem raffinierten System von Maßnahmen dafür, daß sich ein großer Teil der polnischen Juden nicht über die Armutsgrenze erheben konnte. Abgaben, Berufs- und Ansiedlungsverbote konzentrierten die Masse der jüdischen Bevölkerung in den unterentwickelt gehaltenen Gebieten und in den Armenvierteln der großen Städte.

Das osteuropäische Judentum bildete innerhalb der allen aufgezwungenen Gemeinsamkeit antisemitischer Unterdrückung eine heterogene Gesellschaft. Es gab jüdische Kleinbauern und Viehhändler, jüdische Fabrikbesitzer (allerdings nur in den für Juden zugelassenen Branchen), jüdisches Proletariat und ein Heer von Armen, Bettlern, Wanderhändlern, «Luftmenschen». Es existierte eine reiche jiddische Kultur und eine hochdifferenzierte religiöse Gelehrsamkeit. Wilna (das zwar zu Litauen gehörte, dessen jüdische Bevölkerung sich aber dem polnischen Judentum zugehörig fühlte) galt als das «Jerusalem der Diaspora».

Die Kultur des osteuropäischen, speziell des polnischen Judentums, ist hierzulande fast ausschließlich in Form jüdischer Witze und einiger jiddischer Lieder bekannt.

Die religiöse Kultur wird aus exakt diesem Grund ignoriert bis abgelehnt: weil sie religiös ist. Die Religion ist das Jüdischste am Juden, das, was ihn am meisten von der herrschenden Norm entfernt. Schläfenlocken, Kaftan, Scheitel (Der Scheitel ist die Perücke, die strenggläubige verheiratete Jüdinnen tragen.) wirken peinlich und abstoßend auf den «Judenfreund», der nur die assimilierten Nachkommen von Moses Mendelsohn für zivilisiert hält. Scheinbar fortschrittlich werden diese Ausdrucksformen zu Symptomen der Unterwerfung unter eine rigide Religion, die Orthodoxie, erklärt. Von irgendwelcher Kenntnis ostjüdischer beziehungsweise chassidischer Religiosität ist diese Sichtweise allerdings nicht belastet.

Es soll hier jedoch weder um die Kultur und Religion der polnischen Juden noch um ihre weltliche Intelligenzija gehen. Es ist hier primär die Rede von der (Nicht-)Wahrnehmung *der* Opfer der «Endlösung», die das Auge des edlen und gutwilligen deutschen Antifaschisten heute offenbar ebenso beleidigen wie damals die Augen ihrer Mörder.

Die Armen in den Schtetl, auf dem Lande, lebten mehr schlecht als recht von Klein- bis Kleinsthandel, von Heimarbeit, Dienstleistungen, einem kargen Feld oder Kleintierhaltung. Hatten sie gar keine Arbeit, wurden sie von Verwandten oder der Gemeinde unterstützt, sie wurden zu «Schnorrern». Die Infrastruktur der armen Schtetl war katastrophal, die polnischen Regierungsbeamten tauchten nur auf, um Abgaben einzutreiben – und Pogrome anzuzetteln.

Das jüdische Proletariat in den großen Städten arbeitete für miserable Löhne in den Fabriken, die Frauen vor allem in kleinen Schwitzbuden, in denen sie noch mehr ausgebeutet wurden als die männlichen Arbeiter. Zehnstündige Arbeitstage und Nachtarbeit waren nichts Außergewöhnliches. In den proletarischen Vierteln der Warschauer Juden lebten im Durchschnitt sieben Menschen in einem Raum. Auch hier wurde die Infrastruktur bewußt vernachlässigt, dafür war die polizeiliche Überwachung umso intensiver. Warschau galt spätestens seit der Revolution von 1905 als Pulverfaß, und der Zündfunke wurde – völlig zu Recht – in den jüdischen Arbeitervierteln vermutet.

Über all diesen Menschen, vor allem aber der ländlichen jüdischen Bevölkerung, hing die permanente Bedrohung durch Pogrome. Zum materiellen Elend kam die nicht endende Angst vor den Schlächtereien, die die reaktionären polnischen Regimes der 20er und 30er Jahre immer wieder veranstalteten, die Tradition der zaristischen Judenpogrome bruchlos fortsetzend.

Das Leben der Menschen wird von ihrer gesellschaftlichen Situation geprägt. Wer von Armut, Schufterei und Todesangst niedergedrückt lebt, wird nicht zur hehren Lichtgestalt. Armut und Angst läutern nicht, sie erzeugen neben Stolz und Auflehnung auch Unterwerfung und Verrohung. In jedem Fall aber nehmen Kleider, die nicht oft genug gewechselt werden können, den Geruch von Kohlsuppe und Hering an, sie verschwitzen in den stickigen Nähstuben und werden klamm in feuchten, überfüllten Wohnräumen. Gesichter können unter solchen Bedingungen grau werden, Haare dünn und strähnig, Rücken gebeugt. Kinder, die auf der Straße spielen müssen, werden schmutzig. Unterernährte Körper sehen nicht aus wie von Leonardo gemalt.

Viele dieser Menschen haben trotz ihrer scheinbar hoffnungslosen Situation nicht aufgegeben, um ihre Würde zu kämpfen. Sie entwickelten ihre Menschlichkeit und ihre geistigen Bedürfnisse in der Religiosität, oder sie erhoben sich gegen eine Gesellschaft, die sie zu einem menschenunwürdigen Dasein zwang. Das jüdische Proletariat stellte im Vorkriegspolen die Avantgarde der revolutionären Kräfte. 1897 war von jüdischen Mitgliedern der russischen Sozialdemokratie der Bund gegründet worden, der sich später von der Partei trennte, da die Bolschewiki sich gegen die Autonomie der jüdischen Organisation innerhalb der Sozialdemokratie stellten. In Polen spielte der Bund seit 1918 eine zunehmend bedeutendere Rolle als Vertreter der jüdischen Arbeiterinnen und Arbeiter und als Selbstverteidigungsorganisation gegen die Pogrome der 20er und 30er Jahre. 1938 ging der Bund aus den letzten Wahlen vor der deutschen Okkupation als stärkste Partei unter den Juden hervor. Die Kommunistische Partei Polens bestand zu einem großen Teil aus jüdischen Mitgliedern, die sich – nach der Auflösung der Partei durch Stalin – in den Ghettos des von den Deutschen besetzten Landes reorganisierten und neben den Linkszionisten zu einer der treibenden Kräfte des Widerstandes wurden.

Dieser Widerstand mußte sich unter den schwierigsten und aussichtslosesten Bedingungen formieren, mit denen wohl je eine Untergrundorganisation konfrontiert war. Nach ihrer Ghettoisierung waren die Juden vollkommen von der Außenwelt abgeschnitten. Sie erhielten, außer von den selbst nur schwach ausgerüsteten und vehement verfolgten Untergrund-Kommunisten, keinerlei Unterstützung. Der offizielle polnische Widerstand (die «Heimatarmee») weigerte sich nicht nur, den aufständischen Juden zu helfen, er nahm zum Teil selbst an ihrer Verfolgung teil.

Dennoch bildeten sich in fast allen Ghettos Widerstandsorganisationen und formierten sich allein in West- und Zentralpolen (dem «Generalgouvernement») 28 jüdische Partisaneneinheiten. Der bewaffnete Kampf der ZOB, des Warschauer Ghettountergrundes, weitete sich im Ghettoaufstand zum Volkswiderstand aus, an dem fast alle Ghettobewohner(innen) teilnahmen. Und Warschau war bei weitem nicht das einzige Ghetto, das sich bewaffnet gegen die Deutschen erhob. Über diesen Widerstand ist hier so gut wie nichts bekannt. Er wurde ja auch nicht von deutschen Aristokraten wie den «Männern des 20. Juli» geleistet oder von den ordentlich organisierten deutschen Arbeitern.

Es wäre jedoch realitätsfern und einfach historisch falsch, zu behaupten, alle polnischen Juden hätten sich gewehrt. Sie wären dazu auch gar nicht in der Lage gewesen. Zum einen bemühten sich die Deutschen mit einem ganzen Arsenal von Tricks, die Ghettobewohner(innen) über das wahre Ziel der Transporte in die Vernichtungslager zu täuschen. Sie verbreiteten in ausgefeilten Desinformationskampagnen, daß es sich lediglich um eine Umsiedlung in Arbeitslager handle. Zum anderen hatten viele ganz einfach nicht mehr die Kraft, sich aufzulehnen.

Von den gut 500.000 Menschen, die in das Warschauer Ghetto gezwängt worden waren, starben allein innerhalb des ersten Jahres 100.000. Nicht in den Gaskammern, sondern im Ghetto selbst, an Hunger, Kälte, Krankheiten und Erschöpfung. Es waren in erster Linie die «alten» Armen, also die, die schon vor der Zwangsumsiedlung in das Ghetto arm gewesen waren, und die Flüchtlinge aus anderen Städten. Die völlig entkräfteten Menschen, die im Ghetto überlebten, wurden schließlich in Viehwaggons gepfercht und ohne Wasser und Nahrung in die Vernichtungslager gekarrt. Dort angekommen, fielen beim Öffnen der Waggons zuerst die

Leichen derer heraus, die auf der Fahrt erstickt waren. Die anderen wurden sofort nach der Selektion in die Gaskammern getrieben, bevor sie sich noch bewußt machen konnten, was mit ihnen geschah.

Hinter dem Desinteresse gegenüber dem verarmten osteuropäischen Judentum, dem kompletten Übersehen der Mehrheit der Opfer, steht Ekel. Der Ekel vor den elendsten der Opfer, vor denen, die von der herrschenden Norm am radikalsten abwichen, vor denen, die dem Feindbild des Gegners nahe kamen, jedenfalls näher als die assimilierten deutschen Juden. Nicht die Norm wird hinterfragt, nicht das Feindbild. Es wird nicht gefragt, warum es rechtens sein soll, Menschen, denen man ihre Armut, ihre Angst, ihre Misere ansah, zu verachten und gar zu vernichten. Stattdessen wird das Bild der Opfer verdrängt oder schöngemalt. (Es sei hier – sicherheitshalber – betont, daß auch der verelendetste Betteljude nicht aussah wie eine Stürmer-Karikatur. Aber er entsprach auch nicht der gängigen Opferikone des eleganten, weltmännischen jüdischen Intellektuellen aus Berlin-Charlottenburg.)

Der Ekel der Endlöser vor ihren Opfern in Polen hat sich auf ihre Nachkommen übertragen, und daß die sich dieses Erbes nicht bewußt sind, ändert nichts an der skandalösen Tatsache. Die vollkommene Ausgrenzung der polnischen Juden als konkrete Menschen aus der historischen Auseinandersetzung bundesdeutscher Antifaschist(inn)en von liberal bis links ist eine Tatsache. Sie ist überprüfbar an der gängigen Literatur, der journalistischen Bearbeitung des Themas «Endlösung», seiner filmischen, dokumentarischen, politischen Aufarbeitung. Die Mehrheit der Vernichteten taucht als Skelette auf Fotos auf, als abstrakte Zahlen in Texten, kaum je aber als reale Personen oder Gruppen mit zu erforschenden und beschreibbaren Lebensbedingungen, Lebensformen, Lebensläufen, kulturellen, religiösen und politischen Ausdrucksformen.

Für diese Abstrahierung konkreter Menschen zu Zahlenmaterial gibt es eine Reihe von Gründen. In der Linken fällt vor allem ein erstaunlicher Verzicht auf das methodische Instrumentarium des historischen Materialismus auf, der das Übersehen der «häßlichen» Opfer aufgrund ihrer «Häßlichkeit» erst möglich macht. Dazu kommt die alte Verachtung der deutschen Linken für das Subproletariat, ihr Hang zum Facharbeiter mit gültigem Bibliotheksausweis.

Dem ganzen Phänomen liegt die bruchlose Übernahme der herrschenden Norm, zumindest in diesem Bereich, zugrunde. Diese Norm wurde nicht von den Nationalsozialisten erfunden. Sie wurde von der bürgerlichen Gesellschaft entwickelt zum Zwecke ihrer Erhaltung und Legitimierung. Die nationalsozialistische Rassen und Sozialpolitik hat den bürgerlichen «Normalitäts»-Begriff lediglich weiterentwickelt und zugespitzt, indem sie ihn an dem Arier mit unbelastetem Erbgut und angepaßtem Sozialverhalten festmachte – und zu einer Frage auf Leben und Tod verschärfte.

Wer von dieser Norm nach Ansicht der Rassentheoretiker am massivsten abwich, die Juden, wurde zu Ungeziefer erklärt und ausgerottet. Als schlimmstes und minderwertigstes Ungeziefer galten die «dreckigen Kaftanjuden». Auch ihre besondere «Minderwertigkeit» war keine Erfindung der Nationalsozialisten. Sie war, allerdings ohne die in der NS-Politik dazugehörige Vernichtungspraxis, bereits Ausdruck bürgerlicher Normvorstellungen, seit die deutschen Juden zur Assimilation zugelassen waren. Indem der bürgerliche Normkodex und die darin implizite Ästhetik nicht radikal hinterfragt und abgelehnt werden, wirken hierarchisierende, selektierende Wertvorstellungen auch bei denen nach, die sich als Gegner(innen) nationalsozialistischer Rassenideologie begreifen. Man schlägt sich daher nicht auf die Seite der «dreckigen Kaftanjuden», sondern betont weinerlich, wie assimiliert und «zivilisiert» doch «in Wirklichkeit» die ermordeten Juden gewesen seien. So wird nicht um die getrauert und derer gedacht, die von einer bürgerlichen antisemitischen Gesellschaft wie Unkraut behandelt und bewußt im «Dreck» gehalten wurden, sondern um die Rosen im Garten, die «zu Unrecht» ausgerissen wurden.

So werden die Opfer der «Endlösung» noch einmal selektiert. An der Rampe der Erinnerung dürfen die quasi «arischen» Juden an das Licht treten, während die allzu «jüdischen» Juden in den dunklen Keller verbannt werden.

Meinem Vater

EINE UNSCHÄTZBARE MITGIFT

Kinderphotos: Die Rialtobrücke. Ein gutaussehender Mittdreißiger und eine junge Dame (ziemlich jung, die Dame) lehnen am Geländer. Niemand könnte da lässiger lehnen als die kleine Lady mit dem schicken weißen Hut. Ein Traumpaar in Venedig. Die Lady bin ich, stolze acht Jahre alt. Der Mann meiner Träume: mein Vater.

Nicht, daß ich damals hätte heiraten wollen. Ich wollte Häuptling werden. Aber wenn ich hätte heiraten wollen – dann nur meinen Vater. Daß er schon verheiratet war, ignorierte ich. Dafür übersah er wohlwollend, daß ich ein Mädchen war und deshalb gar kein Häuptling werden konnte. Er schenkte mir alles, was ein Häuptling braucht: Federschmuck, Pfeil und Bogen, Tomahawk und Winnetou 1 bis 3.

Ein anderes Photo: Wir sitzen unter der Bogenlampe und spielen Schach. Ich kann nicht viel älter sein als drei, vier Jahre. Später haben wir ernsthaft Schach gespielt, und manchmal hat er mich gewinnen lassen. Gerade so oft, daß ich glauben konnte, er habe wirklich verloren. Heute gewinnt er gegen den Schachcomputer.

Eine sehr frühe Erinnerung: Wir haben Besuch. Papa und der andere Mann diskutieren lauthals miteinander. Papa ist wütend. Worum es in diesem Fall ging, weiß ich nicht mehr.

Es hätte aber gehen können um: Was die Deutschen in diesem verdammten Krieg mit der russischen Zivilbevölkerung gemacht haben; wie die Herren Offiziere die einfachen Soldaten in den Tod gehetzt haben (und auf die anderen Soldaten); wie er (der andere) nur dazu komme, die Nazizeit als schöne Erinnerung hinzustellen. Es hätte auch darum gehen können, daß «die Schwarzen» ganz bestimmt nicht unsere Interessen vertreten; daß es ihn (den Besucher) gar nichts angehe, ob er (Papa) in die Kirche gehe oder nicht; daß sich die Bildung eines Menschen nicht dadurch beweist, daß er eine Krawatte trägt. *Ich wünsch' dir einen Sohn, der schlimmer ist als du!* hatte ihm seine Mutter einmal hinterhergebrüllt. Wenn er das heute erzählt, freut er sich, daß die Tochter nicht aus der Art geschlagen ist. Wie könnte sie auch? Bei dem Vater! Ein Roter im schwarzen Tirol. Ein Gewerkschafter, der sich weigert, zum Funktionär zu werden (via Freistellung etwa). Ein Skeptiker, der Politiker ausschließlich danach beurteilt, «was sie für die Leute tun».

Aus dem Bücherschrank meiner Eltern bezog ich die erste Lektüre; von Karl May über Jack London bis zu Friedrich Schiller. Auch den hatten sie da stehen, zweibändig, Dünndruck. Bildung: Arbeiterrecht. Erkämpftes Recht. Die Tochter darf als erstes und einziges Kind in der Familie aufs Gymnasium gehen. Aber: Was werden die aus ihr machen? Wird es auf uns herunterschauen, das Fräulein Gymnasiastin? Die Verwandtschaft prophezeit es. Und betrauert das Geld, das das alles kostet (für nix und wieder nix). Die Eltern aber bleiben stur. Das Kind darf auf die höhere Schule.

Da ist es fast die einzige, die «so» ist. Die Väter der anderen: Rechtsanwalt, Chefarzt, Fabrikdirektor, Schuldirektor, Apotheker etc. Kränkungen. Verletzungen. Wurstsemmel gegen Butterbrot. Ich fange an zu lügen. Behaupte, wir wohnen in einer Villa. Bin sterbensunglücklich. Frage meine Mutter, warum wir kein Dienstmädchen haben. Meinem Vater rutscht beinahe die Hand aus. Dabei schlägt er mich nie. Die Ängste werden wahr. Dem Fräulein Tochter sind die eigenen Eltern zu minder.

Sie haben ja keine Ahnung. Können mir nicht helfen, sind selbst verletzt. Aber sie haben bereits eine Basis geschaffen, die letztlich stärker ist. Langsam entdecke ich in mir ein Fundament von Klassenstolz. Das hat er gelegt – ohne von «Klasse» oder über Politik zu reden. Er war strikt dagegen, mit Kindern zu politisieren, sie womöglich zu «indoktrinieren». Und doch hat er mich geprägt, mit allem, was er tat, mit seinen Erzählungen von der Arbeit, mit seinen Bemerkungen zur Tagespolitik, mit seinen Kommentaren zu den Geschichten, die ich aus der Schule mitbrachte.

Ich kann mich an ein dezidiert politisches Gespräch erinnern, das er mit mir führte, und da war ich noch ziemlich jung. Der damalige Bundespräsident Jonas sollte nach Innsbruck kommen. Sofort machten verächtliche, diffamierende Jonas-Witze die Runde. Ich hatte einen aufgeschnappt und erzählte ihn stolz zu Hause. Meine Freude verflog schnell. Papa fand es gar nicht zum Lachen, daß Jonas früher Arbeiter gewesen war. Im Gegenteil: Das sei doch eigentlich sehr schön, daß ein ehemaliger Arbeiter Bundespräsident werden kann. Nur sehr dumme Menschen machen darüber Witze. So etwas bleibt hängen.

Er hat mir auch seinen ausgeprägten Sinn für Gerechtigkeit beigebracht. Seine Abneigung gegen Hierarchien, gegen militärischen Drill und Kommando-Ton, gegen Unterwerfung und Duckmäuserei. Seine tiefste Überzeugung war und ist: Man kann sich immer wehren. Man muß sich nicht beugen. Er war dabei nicht immer logisch. Er erzählte, wie er

189

und seine Freunde als Kinder den Schutzmännern die Pickelhauben vom Kopf schossen: mit Schneebällen. War aber ich einmal entsprechend «frech», hielt er mir eine Gardinenpredigt. Allerdings: nie vor anderen. Vor anderen hat er mich immer verteidigt, flammend. Ich glaube nicht, daß irgendwer in der Verwandtschaft es wagt, (in seiner Hörweite) ein schlechtes Wort über mich zu verlieren.

Er brachte mir Loyalität bei. Und daß der Mensch immer unabhängig sein muß. Unabhängig von der Gnade anderer. *«Immer auf eigenen Füßen stehen. Sich immer sein Geld selber verdienen»* – da traf er sich mit den Maximen meiner Mutter. Auch da. Und diese Maximen galten nicht nur für männliche Menschen. Im Gegenteil: Gerade für Frauen war (finanzielle und psychische) Unabhängigkeit lebenswichtig.

So weit, so gut. Aber wo bleibt die Kritik? Eine Feministin kann doch nicht einfach eine uneingeschränkte Lobeshymne auf ihren Vater verfassen! – Doch. Sie kann. Nicht, daß es keine (gegenseitige) Kritik gäbe. Nicht, daß er mir nicht schon mal weh getan hätte (und ich ihm). Aber das geht nur uns etwas an. Natürlich gab es Zeiten, da habe ich ihn gehaßt. So wie eine Dreizehnjährige ihren Vater haßt, der ihr nicht erlaubt, in der (zu) kleinen Wohnung den (lebensgroßen) Bravo-Starschnitt von Mick Jagger aufzuhängen. So wie eine Siebzehnjährige ihren Vater haßt, der ständig schimpft, der Rock sei zu kurz, wo man den Rock doch (heimlich) dreimal am Bund umschlagen mußte, damit er halbwegs Mini wurde.

Ich weiß, daß Väter wichtige Garanten des Patriarchats sind. Ich weiß, daß Väter ihre Töchter dressieren, herabsetzen, seelisch verkrüppeln. Ich weiß, daß Väter ihre kleinen Töchter sexuell mißbrauchen, vergewaltigen, foltern. Ich weiß das und kämpfe dagegen. Als Feministin. Mit dem

190

Rüstzeug, das mir mein Vater mitgegeben hat. (Und meine Mutter! Der ich unendlich viel verdanke, von der aber nicht die Rede ist, weil es um Väter geht.) Vor einiger Zeit habe ich damit begonnen, Frauen nach ihrem Vater zu fragen, zum Beispiel danach, ob sie ein «Papakind» waren. Und ich stelle fest, daß auffallend viele von den Frauen, die politisch aktiv und kämpferisch sind, «Papakinder» waren. Daß sie von Vätern erzogen wurden, die sie ernst nahmen.

So ernst, wie man(n) «normalerweise» nur einen Sohn nimmt – eine unschätzbare Mitgift. Mein Vater hat mich nicht zum Mädchen (sprich Püppchen) degradiert und nicht auf Ersatzsohn getrimmt. Er hat einfach versucht, einen Menschen aus mir zu machen. Ich mußte nie die Listen der Weiblichkeit lernen, die Augenaufschläge, die Schleifchen im Haar und den Piepston, mit denen kleine Mädchen (angeblich) ihre Väter um den Finger wickeln. Um meinem Vater zu imponieren, mußte ich mich als klug, aufrichtig und tapfer beweisen. Selbstverständlich war ich häufig weder das eine noch das andere. Aber ich wußte, daß ich ihn nur dadurch beeindrucken konnte, und so gab ich mir ordentlich Mühe. Psychologen könnten ihm sicher zu Recht vorwerfen, er habe mir ein zu massives Über-Ich verpaßt. Mag sein. Nur habe ich lieber ein übergewichtiges Über-Ich als ein unterwürfiges Sklavinnengemüt.

Also: Keine Kritik an meinem Papa. Eine Lobeshymne. Ohne Einschränkungen. Was er genau gemacht hat? Was er heute macht? Wie alt er ist? Wo er herkommt? – Uninteressant. Wichtig (für mich an dieser Stelle) sind nicht die persönlichen Daten, sondern ist die Persönlichkeit, mit der ich achtzehn Jahre lang zusammengelebt habe.

Und die ich heute viel seltener sehe, als ich es gerne hätte. Seine Lebensdaten können irgendwann einmal in seinem

Nachruf stehen. Jetzt lebt er. Gott (oder wem auch immer) sei Dank.

QUELLENANGABEN

Prozeßerklärung, in: *clockwork 129a,* Nr. 2, 1989.

«Eine unschätzbare Mitgift», in: Renate Feuigl, Elisabeth Pablé (Hg.):
Väter unser, Wien 1988.

«Du Tarzan – Ich Jane», in: *EMMA* 7/1987.

«Zehn Jahre Frauenbewegung», in: Neues Forum 305/6, 1979.

«Freude durch Kraft», in: *EMMA* 11/ 1986.

«Die Geburt der Kunst aus dem Widerstand», in: Katalog *Frau und
Kunst,*Bonner Kunstverein 1982.

«Eisblumen – Überlegungen zu einigen Grundbedingungen weiblicher Produktion», in: Friederike Hassauer und Peter Roos: *Die
Frauen mit Flügeln, die Männer mit Blei?,* Singen 1986.

«Die Maschine der Herrschaft», erschien unter dem Titel «Ich habe
gelesen», in: *Konkret* 8/1988.

«Gegen die Bequemlichkeit der Niederlage» in: *die tageszeitung*
31. 7. 1987.

«Gibt es eine weibliche Literatur?» Vortrag in der evangelischen
Akademie Loccum, 1985.

«Das durchgefallene Genie», in: *EMMA* 10/1987.

«Nelly Sachs: Der Tod war mein Lehrmeister», *SDR*-Feature, gesen-
det im Mai 1987.

«Was kann uns denn schon passieren?», in: *EMMA* 3/1983.

«Ich könnte heulen vor Wut», in: *EMMA* 5/1985.

«Die rote Rosa», in: *EMMA* 4/1986.

«Die nachträgliche Selektion» erschien unter dem Titel «Opfer III.
Klasse» in: *Konkret* 2/1989.

SABINA SPIELREIN
Tagebuch einer heimlichen Symmetrie, zwischen Jung und Freud
Sämtliche Schriften
MARIE LANGER
Von Wien bis Managua, Wege einer Psychoanalytikerin
Das gebratene Kind und andere Mythen
Mutterschaft und Sexus
CÉLIA BERTIN
Die letzte Bonaparte, Freuds Prinzessin, ein Leben
PSYCHOANALYTISCHES SEMINAR ZÜRICH (HG.)
Between the devil and the deep blue sea, Ya im Netz
HELMUT DAHMER
Psychoanalyse ohne Grenzen
LUCE IRIGARAY
Genealogie der Geschlechter
LUISA MURARO
Vilemína und Mayfreda, Geschichte einer feministischen Häresie
SULLY ROECKEN, CAROLINA BRAUCKMANN
Margaretha Jedefrau
WOLFGANG SCHERER
Hildegard von Bingen, Musik und Minnemystik
MELITTA WALTER
Ach wär's doch nur ein böser Traum, Frauen und AIDS

die kleine Kore

ANONYMA
Verführung auf der Couch
HELENE VON DRUSKOWITZ
Der Mann als logische und sittliche Unmöglichkeit und als Fluch
der Welt
CAM / Verein zur Förderung der Madonnenerscheinungen
BellaMadonna (mit Memoria 90)

Kore • Holbeinstr. 12 • D -7800 Freiburg • 0761/70 20 34